GOLF

LA TECHNIQUE ET L'ESPRIT

OU COMMENT AMÉLIORER VOTRE HANDICAP

par

Michel
Damiano

Albin Michel

22, rue Huyghens, 75014 Paris

Imprimé en octobre 1987
par Pollina à Luçon
Relié par la SIRC à Marigny-le-Châtel

Numéro d'édition 10033
Numéro d'impression 9541
Dépôt légal octobre 1987

Pratique et efficace

Acquérir les éléments techniques, les gestes essentiels, la position, les placements : tout cela est naturellement indispensable à qui désire progresser dans la passion qui est la nôtre, le golf.

Mais cela n'est pas suffisant. Un champion, ou tout simplement un bon golfeur n'est pas uniquement un bon technicien. C'est avant tout celui qui a su trouver **"son golf"**, qui est parvenu à se réaliser pleinement dans son activité.

Trouver son propre chemin dans l'univers merveilleux du golf, tel est l'objet de : **"La technique et l'esprit"**.
L'auteur, Michel DAMIANO, sait de quoi il parle.
Si son palmarès est éloquent – plusieurs titres de Champion de France, représentant de la France en Coupe du Monde, régulièrement dans les premières places des grands tournois – son expérience de pédagogue est remarquable.

Ses 20 ans de pratique professionnelle, dans un sport qui est sa passion de toujours, l'ont amené à élaborer une méthode originale d'apprentissage.
Michel DAMIANO a coutume de déclarer :
"Je n'enseigne pas le golf, je l'apprends".
Au delà d'une simple nuance de langage se dessine un état d'esprit nouveau.
Il ne s'agit pas uniquement de transmettre un savoir technique. Aussi grand fut-il, celui-ci ne résoudra pas tout. Michel DAMIANO apprend au nouveau golfeur, comme au pratiquant plus averti, **à découvrir ses propres possibilités**, à travers une série d'exercices simples.

Quel que soit son niveau de golf le joueur trouvera dans cet ouvrage les éléments qui l'aideront **à construire sa propre méthode**, et à mieux vivre sa passion.

David Benyamine

La licence

Pour votre sécurité et celle des autres, n'oubliez pas, que vous soyez débutant ou confirmé, de prendre votre licence fédérale.

C'est une assurance pour tous les licenciés de la Fédération Française de Golf.

Elle couvre tous les accidents survenant sur tout terrain public ou privé, dans les centres d'initiation, à l'étranger, à l'occasion de la pratique du jeu de golf.

Elle intervient au moment où le licencié pénètre dans le périmètre des installations et jusqu'au moment où il en sort.

Elle est obligatoire pour la pratique du golf. Elle est valable dans le monde entier.

Pour vous la procurer, adressez-vous à votre club, ou directement à :

Fédération Française de Golf
69 Avenue Victor-Hugo
75016 Paris
Tél. (1) 45 02 13 55

Oui, le golf est ma passion. Elle m'anime depuis que je suis professionnel, plus de 20 ans déjà. J'ai pu ainsi suivre toute son évolution, en faire la synthèse et c'est donc tout naturellement que ce livre est venu.

Je n'enseigne pas le golf, je l'apprends, ai'je coutume de dire.
Plus qu'une philosophie, c'est un état d'esprit.

Dans le domaine du jeu, je suis un professionnel à part entière. dans le secteur de l'enseignement, je me considère comme un "facilitateur". Mais je sais, par expérience, que personne n'est en mesure d'aborder ce jeu sans la direction d'un professeur expérimenté et consciencieux, ni même de poursuivre sa route sans l'aide de ce même professeur.

Mais s'il suffisait de dire pour faire !!!

Ma première tâche consiste toujours à créer une atmosphère, un climat, aussi bien pour un groupe de joueurs que pour un élève isolé. Dès que la confiance s'est installée entre un joueur et son professeur, il devient très facile de communiquer de façon subtile, un peu de technique, sans qu'il s'en aperçoive !
Les progrès au golf ne consistent pas seulement à détecter une faute, mais à comprendre pourquoi on vient de la commettre.

En effet, il m'a toujours semblé nécessaire de laisser à sa place l'enseignement proprement dit, c'est-à-dire la simple transmission d'un savoir. Certes, le maître possède une technique qu'il enseigne, mais le maître apprend lui aussi ! Mes élèves (des milliers de joueurs depuis plus de 20 ans) ont modifié ma façon de vivre le golf. Apprendre est un acte sans conflit et je répète que le maître et l'élève apprennent tous les deux, ils sont disciples.

J'ai absorbé beaucoup de ce que vous avez dit, et c'est presque devenu une partie de moi-même (1). La grande victoire de l'enseignement du golf est que cette phrase peut s'appliquer aussi bien... au maître.

La nature mystérieuse de ce jeu, chaque joueur la connaît après avoir tapé quelques balles, c'est un combat du joueur contre lui-même qui s'est engagé immédiatement. Le centre d'intérêt du joueur, c'est lui-même.

Votre corps vous surprendra toujours, parfois en bien. Extérieurement, vous vous battrez avec des clubs contre une balle, puis en élargissant le débat, contre un parcours où vous tenterez de maîtriser le comportement de cette balle.

(1) La Révolution du Silence. (Krishuamurti)

Vous savez alors que ce que vous apprenez vous appartient véritablement. Il n'est plus nécessaire de confronter votre propre jugement avec celui d'une autorité reconnue. A cet instant, votre somme de connaissances n'est plus remise en cause.

Alors la créativité et la confiance en soi sont facilitées parce que vous venez de découvrir que ce qui compte fondamentalement pour vous, c'est votre propre réalisation. Le jugement porté par les autres ne vient qu'en second. Il est indispensable - la preuve : les "Grands" reviennent voir leur professeur.

Depuis longtemps déjà, mon rôle de "facilitateur" n'est pas un rôle d'autorité. Il sera venu, au contraire, d'une discussion avec le joueur. Ce dernier se rend compte que je suis avec lui, pas au-dessus. En réalité, j'ai toujours une longueur d'avance, et je l'entraîne.

Les connaissances acquises dans le passé ne permettent pas toujours de résoudre les problèmes présents. Sinon la "confession" entre un joueur et son professeur serait vite inutile. Mais il faut se persuader du contraire, qu'une situation toujours changeante permettra d'assimiler de nouvelles connaissances. Il faut s'en convaincre et surtout vivre confortablement dans cette conviction.

Tout en travaillant à accomplir de petits progrès immédiats, il ne faut pas craindre de viser haut. Mais l'on pourrait redouter que la confiance en soi se transforme souvent en présomption. Heureusement, un abîme les sépare. La présomption, c'est l'euphorie de l'imagination. On la nourrit par une avidité de résultats sans commune mesure avec ce que l'on peut véritablement réussir. Alors, elle s'évanouit pour faire place au découragement, dès que la réalité vient choquer le rêve. En revanche, la confiance en soi est la conviction profonde de ses propres possibilités, puisqu'on les a éprouvées auparavant.

Vous serez d'ailleurs surpris par la sérénité, vis-à-vis des autres joueurs, que procure cette confiance en soi. Une attitude exempte d'impulsivité ou de laisser-aller, ne peut qu'influencer favorablement sur ceux à qui nous avons à faire. Le golf n'est pas un jeu qui se pratique seul, bien qu'il soit un jeu individualiste. Mille raisons existent au cours d'une partie de perdre son calme, et souvent les autres en sont la cause. Observez la règle d'une impeccable courtoisie, même si vous estimez qu'on a agi ou parlé à votre égard d'une façon qui justifierait que vous perdiez votre calme. Vous ne feriez que vous perdre vous-même. Ne permettez jamais que les écarts d'un autre modifient votre comportement. Il est parfaitement inutile de gaspiller du temps et de l'énergie à quoi que ce soit d'autre que la bonne exécution de votre golf personnel.

Mais, intérieurement, vous allez essayer de réaliser quelque chose avec vous-même. Faire en sorte que "Vous et Vous", si j'ose dire, ne soyez pas déçus l'un par l'autre. Vous en avez pour la vie entière et vous ne vous ennuierez jamais.

Profitez de ces erreurs pour les diminuer

Lorsqu'un coup de golf échoue, il y a de quoi être content ! A deux conditions : d'une part que ce coup n'ait jamais été joué n'importe comment, c'est-à-dire sans avoir voulu tester la maîtrise de soi qu'il proposait, d'autre part, que l'échec puisse créer l'habitude de résister et d'entreprendre.

Une fois encore, ne commencez pas par la fin. S'endurcir pour résister est une conclusion. Mais à l'origine de tout - et donc de ce simple coup de golf - existe la maîtrise de soi.
Qui la possède sur terre ! Personne.
Certains en sont toutefois plus proches que d'autres. Et là aussi, une attitude très concrète vous permettra de dépasser ces mots un peu abstraits que vous venez de lire.
De même que se maîtriser, c'est savoir vider son cerveau de toutes les pensées parasites pour le peupler à nouveau d'idées positives, de même (et très physiquement cette fois) cette maîtrise va s'améliorer si vous savez vider vos poumons et les remplir à nouveau de tout ce qui fait la vie : l'air.
Ainsi donc, la pratique journalière de la respiration contrôlée, ne serait-ce que cinq minutes avant de commencer votre entraînement ou quelques secondes avant de jouer votre coup sur le parcours, vous permettra de dissiper rapidement le trouble et l'émotion, qui sont là, comme des diables, à vous guetter pour vous faire échouer.

Il va sans dire que cette relaxation vous place directement au sommet de vos capacités intellectuelles. Toute la difficulté réside dans le choix du club d'où cette nécessité dans la concentration. Une erreur a un effet désastreux, même si votre swing est parfait.

A propos, connaissez-vous votre distance exacte avec un fer 8 ?
Si vous l'ignorez, vous ne pouvez pas baisser votre handicap...

Une tonne de technique est négative

Dans votre tête se trouve un merveilleux "computer" qu'il faut savoir programmer mais l'employé chargé de ce travail peut se révéler un terrible adversaire : "Vous".

Le "facilitateur" qu'un professeur doit être, trouve alors sa justification.
C'est dans ces moments qu'il vous dirige vers un apprentissage volontaire, décidé personnellement par vous-même, un travail qui vous engage tout entier - sensibilité et intelligence - et qui est d'ailleurs le plus durable et le plus performant.

Ne parlons pas de perfection, elle n'est pas de ce monde. L'homme d'esprit positif ne tarde pas à se rendre compte qu'en règle générale, il faut s'attendre à de grosses imperfections... Mais heureusement, une idée - car le golf est un jeu où il faut avoir beaucoup d'idées - agit d'autant mieux sur nous qu'elle nous vient à un moment où nos dispositions d'esprit sont en parfaite harmonie avec elle. Or l'activité dépend, dans une très large part, de ce dont nous nous savons capables.

Et j'en reviens systématiquement à ce que je tente de créer dans mon enseignement ou dans ce livre, en jouant le rôle de "facilitateur" : vous êtes capable de tout. Le coup parfait que vous avez joué au moins une fois en est la preuve.

Maintenant, il faut le rejouer.

PREPARATION PHYSIQUE

L'AVIS MEDICAL

Le médecin qui connait le golf ne peut que conseiller sa pratique. Celui-ci comporte en effet de nombreux aspects bénéfiques, tant sur le plan physique que psychique. Certaines particularités bio médicales de ce sport sont cependant à connaître si on veut éviter des petits inconvénients médico-sportifs et améliorer sa pratique.

Sur le plan bio-mécanique, le mouvement de golf peut être rapproché du phénomène physique dit des couples de torsion. Le rachis se comporterait comme un fil de torsion dont la constante d'élasticité dépendrait des propriétés des muscles, des tendons et des ligaments, les forces du couple étant représentées par les muscles, et le bras de levier du couple par la ligne bi-acromiale (2 épaules). L'angle de torsion correspond à l'angle réalisé entre la ligne bi-trochantérienne (2 hanches) et la ligne bi-acromiale. La plus grande puissance théorique d'un mouvement est celle qui associe un arc de swing important et un angle de torsion suffisant.

Ces deux dernières théories ont reçu la confirmation de travaux réalisés bien entendu aux USA, pays "roi du golf", mais aussi au Japon et en Suède. Ces études confirment le rôle majeur du rachis, des muscles abdominaux et dorsaux lors du mouvement, et le caractère relativement symétrique de celui-ci.

La préparation du golfeur

Le golf a un certain nombre de particularités bio-médicales :
- sa durée, trois à quatre heures, pose des problèmes d'alimentation ;
- la répétition des coups et l'espacement de quelques minutes entre chacun d'entre eux, conduit à réfléchir sur les possibilités de relaxation des joueurs. Deux options s'offrent à eux : une concentration de quatre à cinq heures mais celle-ci est extrêmement pénible et fatiguante.

Il vaut sans doute mieux - mais cela est plus difficile - opter pour une concentration répétée à chaque coup, option choisie par la plupart des champions. La déconcentration entre les coups ne doit bien sûr être que relative, mais permettre une certaine relaxation. Ceci doit (en théorie) permettre d'aborder chaque coup de façon indépendante.

L'entraînement spécifique à la pratique du golf comporte la pratique régulière du sport dans des terrains d'entraînement, practice ou driving range. En outre, le golf nécessite un entraînement physique de base.
Pour notre part, à la suite d'une expérience de plusieurs années de la pratique du golf de compétition et après avoir bien étudié et bien connu de

nombreux joueurs de haut niveau, nous pensons que cet entraînement physique peut se limiter à un footing visant à muscler les membres inférieurs ainsi qu'à des exercices d'assouplissement. On doit sans doute éviter tout exercice de musculation forcée au niveau des membres supérieurs et de la partie haute du tronc qui risque, sous prétexte de vouloir faire gagner aux joueurs une certaine puissance, de leur faire perdre leurs qualités spécifiques d'adresse (l'exemple de la carrière de Johnny Miller est délèbre. Celle-ci a été brutalement infléchie, voire brisée, alors qu'il avait décidé pour se muscler de couper quelques arbres à la hache.
Nombreux sont les exemples (moins célèbres) de joueurs qui, par souci d'une musculation excessive, ont perdu tout ou partie de leur feeling. L'exemple de Gary Player reste bien sûr à opposer à cette théorie, mais il faut rappeler que celui-ci a construit son swing parallèlement à ses muscles et que sa détermination à réussir est sans aucun doute hors du commun.

L'échauffement du golfeur

Afin de prévenir les accidents rhumatologiques, un échauffement physique préalable à la pratique sportive paraît nécessaire. Tout le monde trouve évident de ne pas pousser son moteur de voiture avant qu'il ne soit chaud et pourtant, on néglige bien souvent de pratiquer quelques mouvements d'échauffement élémentaires avant de démarrer la pratique sportive.

Des mouvements d'échauffement des jambes et des cuisses, des mouvements progressifs de rotation de la colonne, des mouvements progressifs de flexion-extension de la colonne, de moulinets avec les bras, constituent un excellent échauffement. La pratique sportive doit ensuite être démarrée lentement, en utilisant les clubs les plus courts et les plus légers et en passant progressivement aux coups de puissance. Il faut compter environ une demi-heure d'échauffement et de mise en condition avant même d'aborder, dans les meilleures conditions, un parcours.

Conseils diététiques

La durée d'un parcours de golf est d'environ quatre heures. On assimile donc ce sport à des sports d'endurance ou de longue durée. Ceci implique certaines précautions diététiques.

Lors d'un parcours réalisé en quatre heures environ, un joueur de 35 ans, réalise une consommation moyenne de 600 calories.
Un joueur qui s'entraîne régulièrement nécessite une absorption de 3.000 à 4.000 calories par jour.

Les heures de départ des parties étant extrêmement variables, l'alimentation du jour de la compétition ne peut être standardisée. Il parait souhaitable de recommander aux joueurs trois repas dans la journée et de prendre le dernier repas avant le départ : environ deux heures avant ce départ.
Sur le terrain, il est important de maintenir un seuil de glycogène, réserve d'énergie suffisante au niveau du muscle et il faut donc conseiller au joueur d'apporter sur le terrain une alimentation riche en glucides complexes : pain + jambon, fruits secs, fruits frais, tablettes de Dextrose ou tablettes d'Ovomaltine.

Les golfeurs doivent également emporter avec eux des aliments liquides qui représentent une bonne source de sucre donc d'énergie. Cette boisson doit être prise en petite quantité à chaque fois : 100 à 200 cc, à une température moyenne pour éviter des troubles digestifs.

Après la compétition, la récupération se fera surtout à l'aide de boissons si le joueur doit rejouer le lendemain : le repas du soir sera léger et équitablement réparti en glucides, lipides et protéïnes.

Le golf comporte peu de contre-indications médicales majeures.
La seule contre-indication absolue à sa pratique est l'existence d'une maladie cardio-vasculaire sévère ou récente. Sa pratique en sport de loisir peut être conseillée avec l'accord du cardiologue dans les suites lointaines d'un infarctus. Il nous parait peu souhaitable cependant d'autoriser, dans ce cas, sa pratique en compétition.

Certaines contre-indications rhumatologiques sont des contre-indications de bon sens : arthrose sévère des articulations portantes (hanches, genoux), polyarthrose invalidante des mains, grands rhumatismes inflammatoires.
A notre avis, l'atteinte rachidienne dégénérative, couramment qualifiée d'arthrose lombaire, ne constitue pas une contre-indication à la pratique du golf, mais elle doit inciter à adapter le mouvement en conséquence, et à s'entourer des mesures thérapeutiques habituelles à cette afection, le plus souvent sur les conseils d'un rhumatologue.

Il n'y a pas d'âge minimum pour démarrer le golf, mais on admet habituellement qu-il faut aux enfants un poids de 30 kilos environ pour pouvoir espérer frapper la balle avec suffisamment de vigueur pour que le jeu soit possible pour eux. Il faut en outre une certaine maîtrise de son geste et une compréhension de l'objectif, c'est ce qui fait que nous pensons qu'il est inutile – à moins d'un désir fougueux des enfants – de démarrer ce sport avant l'âge de 7 ou 8 ans.

Que conseiller à un sujet d'âge mûr qui souhaite pratiquer le golf?

Bien souvent il s'agit d'anciens sportifs qui ont arrêté leur sport pour des raisons médicales ou professionnelles. Dans la thèse que nous avons inspirée à P. Azam, nous avons pu constater que ces anciens sportifs ont dans 30% des cas un antécédent lombaire ou cervical. Il nous semble qu'il ne faut pas les décourager de pratiquer ce sport. Il faut leur expliquer que le mouvement de golf idéal se fait par une rotation des vertèbres dorsales au-dessus de la charnière dorso-lombaire, comme l'explique la physiologie de ce mouvement, et que la pratique de ce mouvement est possible même avec une ceinture de soutien lombaire. Le port d'une telle ceinture présente d'ailleurs sans doute des avantages sur le plan de la technique sportive, permettant de mieux intégrer dans son esprit la rotation nécessaire. Il ne faut, bien entendu, en aucun cas, interdire la pratique du sport devant un simple cliché radiologique constatant une discopathie lombaire étagée.
Si le sujet le souhaite, s'il craint des accidents aigus, une rééducation isométrique du rachis lombaire prescrite par un médecin et réalisée par un kinésithérapeute informé visant à réaliser une contention lombaire, véritable ceinture de sécurité du sportif, peut être un bon traitement préventif.
Enfin, les conseils purement techniques concernant la posture doivent être donnés : l'existence de postures incorrectes favorise très certainement la pathologie douloureuse lombaire. C'est là le rôle du professeur.

Pour conclure, il faut dire que théories médicales et théories golfiques se rejoignent. Un bon golf reste simple et souple, précédé d'un échauffement progressif et accompagné d'une musculation raisonnable surtout des membres inférieurs. La progression golfique doit ainsi pouvoir s'accomplir sans incident biomédical sérieux.

Docteur Didier CHAOUAT
Membre de la Commission Médicale
de la Fédération Française de Golf

VOTRE EQUIPEMENT

2.1

LES FONCTIONS

FACE

bois 1 | bois 3 | bois 5 | fer 3

PROFIL

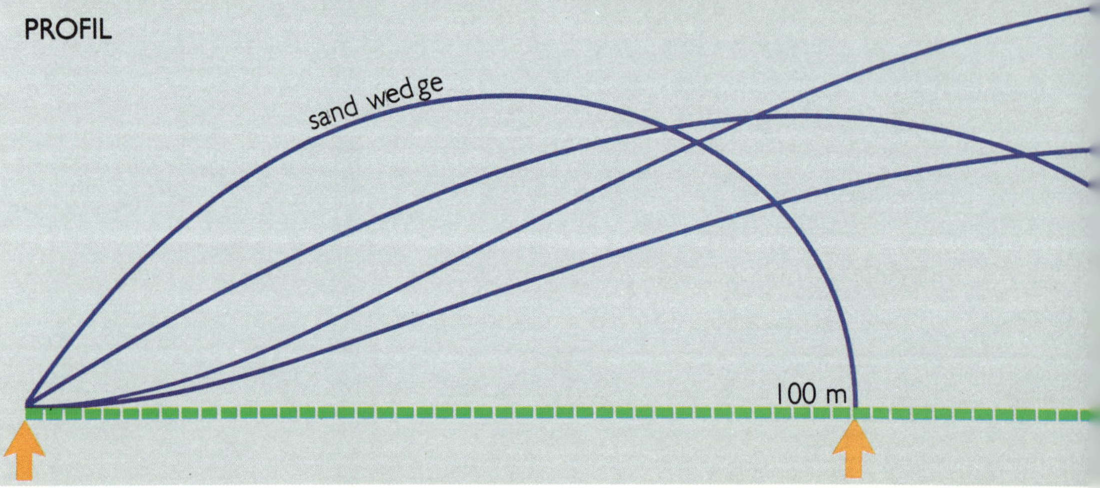

fer 4 fer 5 fer 6

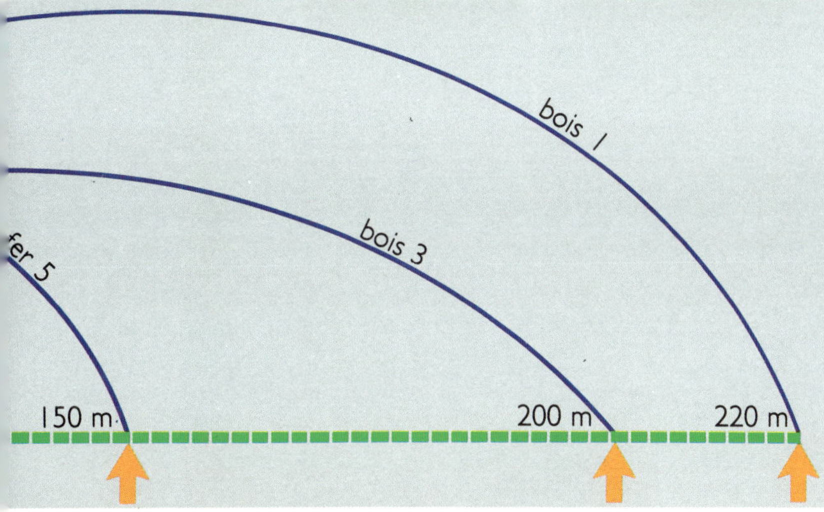

2.1

LES FONCTIONS

FACE

fer 7 | fer 8 | fer 9 | pitching wedge

PROFIL

Votre matériel

Respectez-le...

Un très grand professionnel américain, Bob TOSKI, m'a dit un jour : "l'investissement est en rapport au progrès que l'on souhaite obtenir...

C'est très américain, mais pas tout à fait faux.

Une série de clubs doit être homogène dans l'équilibre "swing weight" quelque soit le numéro, vous ne devez jamais avoir l'impression qu'un club est plus difficile qu'un autre, si cela était, vérifiez les points d'équilibre, adressez-vous à votre professionnel, il est un technicien.

and wedge

putter

ntretenez votre équipement, surtout les bois. Ne les laissez jamais sans capuchon, ils abîmeraient très vite et perdraient leur balance.

es conseils importants pour le choix : neuf personnes sur six doivent jouer avec des nanches mediums, le plus important sera de vérifier le "lie" selon votre balle, ce que les oueurs amateurs ne font jamais.

our conclure, votre matériel est votre partenaire le plus fidèle, pensez toujours que tous os clubs sont vos alliés et le prolongement de vous-même. Il faut les aimer, les respecter, un mauvais coup, ils peuvent avoir très mal.

2.2

LE MATERIEL

LE GRIP

3.1

MAIN GAUCHE

Adoptez une prise où le manche du club passera plutôt dans les doigts.
Un grip où le club passe vraiment dans les doigts, peut être acceptable.

OUI

OUI

NON

MAIN GAUCHE

Le pouce gauche doit être long, car il est la suite logique du bras, et surtout il permettra une bonne disponibilité de l'articulation du poignet.

OUI

OUI

NON

NON

3.2

MAIN DROITE

Laissez coulisser votre main droite, sans la crisper, sur le manche du club.
Vos mains, à ce moment-là, sont devenues le club.

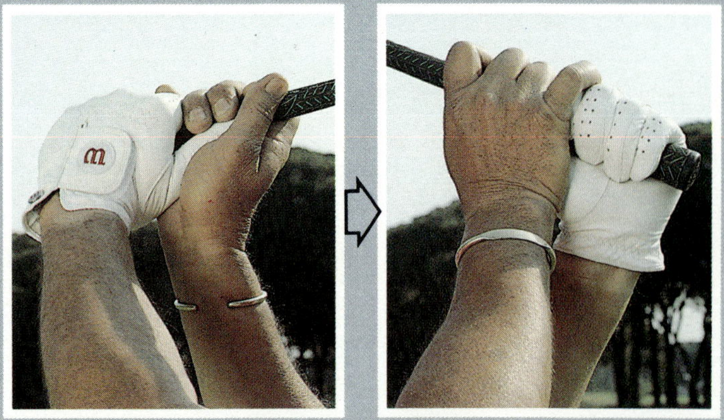

La main gauche 80% de pression.
La main droite 20% de pression.
Attention, vous êtes seul à décider.

3.3

GRIP FINAL

3.4

EXERCICES MAIN GAUCHE

Fonctions naturelles des doigts

Le club est au sol, la face tournée vers le ciel.
Prenez-le tout simplement, vous vous apercevrez, à ce moment-là, que le réflexe naturel est de le prendre avec les doigts.

OUI

OUI

NON

NON

Vous ne pourrez jamais prendre le club en vous servant de la paume.

3.5

EXERCICES MAIN DROITE

La main droite doit toujours être très légère pour cette action de lancer.

Prenez une balle dans la main droite, amusez-vous à la lancer. Le réflexe naturel est de prendre la balle du bout des doigts, sans être crispé, le lancer sera efficace et précis. Il en sera de même avec un club.

Si vous serrez très fort votre balle, vous serez incapable de la lancer.

3.6

LES DIFFERENTS GRIPS

Le plus répandu.
Un bon compromis pour équilibrer la pression des mains.
60 %.

Les joueurs qui ont des doigts courts.
35 % (femmes, enfants).

Surtout pour les jeunes enfants.
5 %.

3.7

LES GRIPS DE TRAVAIL

Afin d'augmenter l'habileté de la main gauche et diminuer la crispation de la main droite.

3.8

CONSEQUENCES D'UN MAUVAIS GRIP

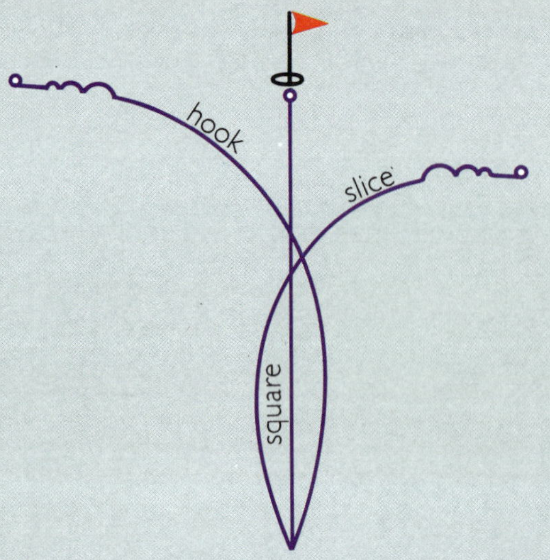

Votre grip à l'adresse. Votre grip à l'impact.

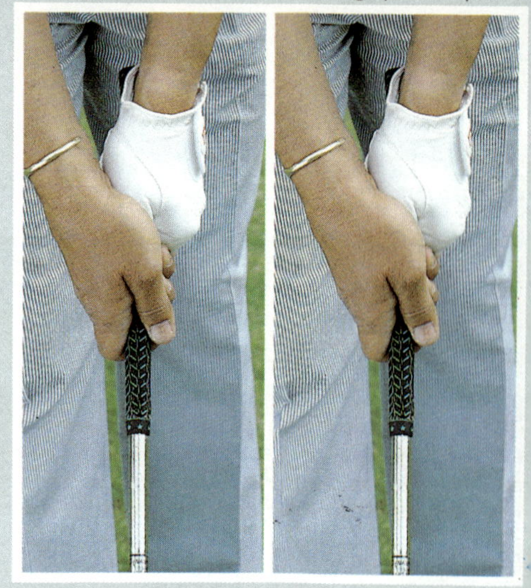

Votre club à l'adresse. Votre club à l'impact.

Quel que soit la position de vos mains sur le club, sachez qu'à l'impact, conditionnées par la vitesse, par le poids du club, les articulations de vos poignets retrouveront et de façon physiologique leur attitude naturelle.

Ce que vous devez savoir, à l'impact :

Les 2 mains bien placées – balle droite – vous êtes **square**.

bon grip

Votre grip à l'adresse. Votre grip à l'impact.

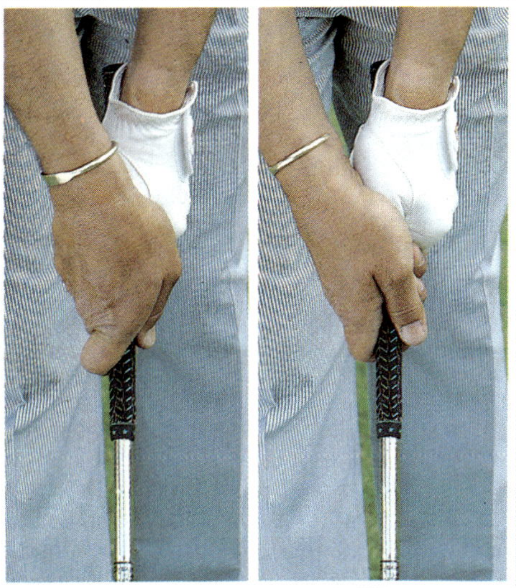

Votre club à l'adresse. Votre club à l'impact.

Les 2 mains trop tournées vers la gauche à l'adresse vous donneront, à l'impact, un club ouvert.
Vous êtes **slice** – balle haute et à droite.

mauvais grip

Votre grip à l'adresse. Votre grip à l'impact.

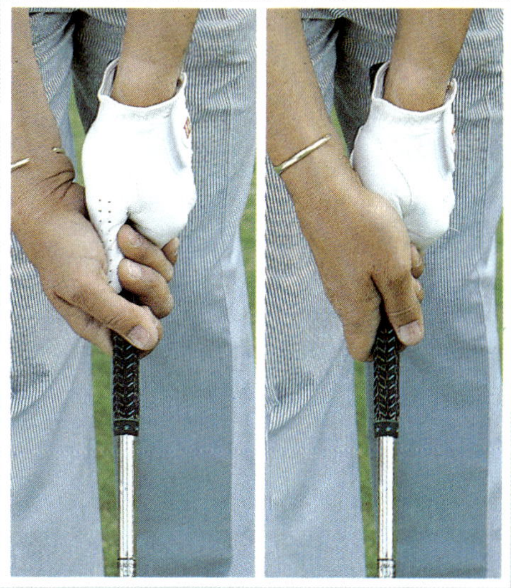

Votre club à l'adresse. Votre club à l'impact.

Les 2 mains trop tournées vers la droite, à l'adresse, vous donneront un club fermé à l'impact.
Vous êtes **hook** – balle basse et à gauche.

mauvais grip

3.9

LA POSITION IDEALE

3.10

CONCLUSION

Les choses les plus visibles se détachent, "les mains et les pieds, le corps propre sera connu plus lentement que le milieu. Certaines parties du corps interviennent assez tard dans la connaissance et le contrôle."

Pour l'instant, je dois porter votre attention et conclure sur vos mains, donc le Grip !
Vos mains sont les seules parties de votre corps qui touchent le club, elles doivent être parfaitement posées sur le club.

Trop de joueurs ignorent que la main gauche représente la face du club, dans l'orientation de celle-ci sur le drapeau, la main droite représente le poids de la tête du club, sa position est donc déterminante.
Sur mille joueurs amateurs, je pourrais compter comme bon grip 5 %, grip valable 15 %, mauvais grip 80 %, c'est énorme.

Tous ces joueurs pourraient baisser leur handicap d'au moins deux points s'ils portaient plus d'attention à leur grip.

Il y a très peu de personnes sachant se servir de leurs deux mains dans la vie courante. Ces gens là, en général, démarrent très vite au golf, ils n'ont pas du tout de problèmes musculaires, voire de coordination.
Par contre, les autres, ceux qui sont délatérisés, très droitiers ou très gauchers, doivent respecter tous ces exercices que je préconise pour arriver à devenir "ambidextre".

Il faut que vos mains deviennent le club, c'est une sensation excessivement importante et que vous retrouverez très souvent citée dans les chapitres suivants.

Commencez votre apprentissage de ce jeu ou perfectionnez-vous si vous êtes déjà un joueur passionné, en respectant la position de vos mains.

Il y a une base un peu technique bien sûr, mais suivant votre morphologie, ces petits "riens" vous aideront à devenir un joueur régulier.

Petit rappel :

La main gauche doit représenter 80 % de pression, elle est la main directrice dans la montée, elle est devenue le tracteur dans la descente. La main droite, 20 % de pression représente la remorque dans la descente. Si vous avez respecté ces différentes pressions, vous ne serez pas parasité par de mauvais réflexes.

Il n'est pas concevable de faire un coup de golf correct avec une mauvaise identification de vos mains. J'ai la certitude et la preuve qu'une relaxothérapie personnelle, régulière et contrôlée, vous permettra de parfaire cette connaissance de vos mains.

OFFREZ A VOTRE CORPS UN GRAND NETTOYAG
C.L.M. & BBDO

DE PRINTEMPS A VITTEL, IL VOUS DIRA MERCI.
Responsables de notre affaiblissement et de notre manque d'entrain, certaines toxines doivent impérativement être chassées de notre organisme. C'est ce que fait l'eau de Vittel.
Avec les sulfates qu'elle contient, elle neutralise ces toxines puis les chasse du corps, grâce à ses remarquables propriétés diurétiques. Résultat : plus vous éliminez, plus vous chassez les déchets, plus vous nettoyez votre corps et plus vite vous en ressentez les bienfaits.
C'est ça le grand nettoyage de Printemps à Vittel. Mais une cure à Vittel, c'est aussi une cure de grand air, de balades, de sports et de remise en forme. Partout à Vittel, le corps est invité à se dépenser dans la plus totale des libertés. Ecrin de verdure et de calme, la station respire le bien-être.
Venez. Vittel n'est jamais aussi belle qu'au Printemps.
VENEZ A VITTEL
(1) 43.42.01.01.

EQUILIBRE

4.1

POSITION DU CORPS

1

2

3

4

5

Penchez-vous, comme pour saluer la balle, les jambes sont encore droites.

Prenez votre club en respectant le grip (peu serré). Les bras ne seront
ıs raidis mais ballants.
'ous devez percevoir le poids de vos bras".
:s jambes sont légèrement déraidies.

Afin d'éviter de vous tromper, placez le club au niveau du bassin, les
eds légèrement écartés.

Une faute très courante dûe à l'historique du jeu qui disait : "Asseyez-
ous comme sur une canne-siège de battue".
otre corps ne sera jamais disponible.

Prenez votre ceinture du pantalon, remontez votre bassin.
a c'est golf !

Avant d'aborder la position, il faut tenir compte de votre morphologie et de votre typologie.
Ces facteurs jouent un rôle non négligeable dans la réalisation pratique de votre jeu.
Vous pouvez établir une différentiation des divers éléments utilisés normalement et spontanément en corrigeant l'allure, la posture, la souplesse, le ballant et avec un contrôle de référence dans le miroir, adapter une consigne de tenue, d'esthétique et d'harmonie.

4.2

LES CLAQUETTES

Une position où le poids du corps sera bien réparti (vérification en bougeant vos talons), une inclinaison naturelle du buste, une prise de conscience de la main et du bras gauche comme éléments directeurs du mouvement vous donneront un plan idéal selon votre morphologie.
Trop souvent les joueurs, même confirmés, ne se soucient pas de ce genre de contrôle.

OUI

OUI

OUI

NON

NON

NON

Cette erreur est souvent à l'origine de beaucoup de conséquences néfastes.
La répartition du poids plutôt sur l'avant des pieds, vous permettra de libérer sans difficulté vos talons l'un vers l'autre.
Vous serez en position tonique.

En étant trop assis sur les talons, vous ne pourrez libérer que les pointes de pieds.
Vous n'aurez aucune disponibilité gestuelle.

4.3

L'ECARTEMENT DES PIEDS

Il faut le savoir !
De l'écartement de vos pieds dépend votre disponibilité gestuelle.

Tout le petit jeu d'approche jusqu'à 50 m.

Les coups moyens de 90 à 130 m.

Pour le jeu long...

Au-delà de cette position et selon votre taille, vous risquez de ne pas pouvoir effectuer correctement votre rotation spontanée.
Vous aurez une impression de raideur.

4.4

LA POSTURE IDEALE

4.5

CONCLUSION

Plus le mouvement est simple, plus il est difficile à exécuter naturellement. Il est parasite par des réactions de prestance. Il s'agit de l'effectuer avec le moins d'effort et de tension possible, de conceptualiser avant d'acquérir les automatismes et de s'arrêter avant toute lassitude et toute fatigue.

J'ai la certitude et la preuve qu'une relaxopthérapie personnelle, régulière et contrôlée, permettra de remettre en cause votre équilibre, garant de votre disponibilité gestuelle et mentale, d'assurer votre progression rapide dans tous les compartiments de jeu du golf.

LES PREMIERES BALLES

5.1

LA CONNAISSANCE DE SOI

Commencez par votre éveil musculaire...

La connaissance de soi, basée sur la relaxation et la respiration.
A ce stade vous n'avez pas encore envoyé une balle, ne soyez pas impatient.
Amusez-vous car il faut que cela vous amuse, à reprendre plusieurs fois le grip, la position et votre recherche d'équilibre.
Observez un bon joueur (professionnel) lorsqu'il s'entraîne, observez la routine, tous les petits gestes, presque des manies. Toujours basés sur la relaxation.

backswing

impact

finish

5.2

LE JEU DE LANCER

Ne suis-je pas déjà golf dans ce geste ?
Vous aussi, si vous respectez votre spontanéité.

Amusez-vous à lancer quelques balles en pensant que vous êtes devenu le club. Après quelques instants, prenez un club et jouez.

backswing

finish

Si vous vous sentez crispé, arrêtez. Lancez encore quelques balles, mais cette fois-ci, au lieu de l'envoyer en finissant en extension, lancez-la en faisant marche arrière.

C'est illogique, d'accord ! Eh bien, 80 % des golfeurs ont ce genre de réaction en jouant au golf.
Pensez à cela !

5.3

LE BALANCIER

Avec les mains et les pieds

A chaque position des mains correspond une position naturelle des pieds.

J'ai volontairement mis l'accent sur l'importance des pieds, car ils sont à la base de toute votre disponibilité.

Je ne connais pas de joueurs raides.
Je ne vois que des joueurs crispés.

Associez les mains, les pieds et la coordination viendra d'elle-même.

adresse 1

backswing 2

impact 3

4

finish 5

adresse 1

backswing 2

impact 3

4

finish 5

5.4

LES PREMIERS COUPS

Fixez-vous un objectif

Prenez le club assez court. L'écartement des pieds réduit à deux pieds à l'intérieur. Les mains légèrement en avant de la balle, le poids du corps 60 % sur la jambe gauche les bras ballants (le poids des bras).
Lorsque vous déplacez le club dans la montée, expirez progressivement au rythme du mouvement puis ayez la sensation de vous libérer, aussi bien en soufflant qu'en montrant l'objectif avec vos mains et le club.
Le regard, la visée, la tête ?
Je ne vous parle pas de la "Tête" mais de la visée. Faites toujours la différence entre regarder et voir. Télémétrez votre balle.

backswing

finish

ckswing

backswing

ish

finish

TROP CRISPE

adresse

Une attitude trop crispée, sera aussi néfaste et ne permettra pas une progression, ni même un début correct. Ces fautes sont souvent produites par des joueurs trop techniques, trop volontaires.

backswing

impact

5.6

L'ENVIE D'INTERVENIR

adresse

En général elle se produit lorsque le joueur veut essayer de soulever sa balle, cette position aura vraiment un effet désastreux, et ceci dans toutes les situations, et avec tous les clubs.

backswing

impact

5.7

L'ALIGNEMENT

5.8

CONCLUSION

Un bon golfeur joue mieux avec un mouvement médiocre qu'un joueur sans âme avec un mouvement et un équipement supérieur, le résultat n'en revient pas uniquement au geste mais à la présence d'esprit, au dynamisme et à la faculté d'éveil avec laquelle il joue.
Vous arrivez à dégager le maximum de tension de cet éveil, il faut que vous restiez naturel, de ne pas être parasité par des réactions de prestance, si vous agissez de la sorte, c'est de cette ambiance que se produira la véritable respiration où naîtront les mouvements de vos membres selon l'inspiration du moment et non pas d'exécuter le mouvement d'une façon scolaire et artificielle, "vous deviendrez le club".
Ainsi par exemple, la main qui guide le club au moment précis où l'esprit commence à élaborer des formes, a déjà trouvé et réalisé ce qui le hante, et en fin de compte, le golfeur ignore si c'est la main ou l'esprit qui a combiné le swing.
Dans la plupart des cas, les joueurs parlent toujours du jeu de jambes et rarement de leurs pieds.
Imaginez-vous devoir sauter un petit ruisseau un tout petit peu plus large que vous ne le pensiez, inconsciemment vous serez en train de rechercher vos appuis pour avoir de la détente, autrement dit vous êtes en train de parler à vos muscles.
Dans la préparation du mouvement de golf, vous devez avoir la même recherche de tonicité.
Si vous bougez bien vos pieds, vos jambes bougeront en harmonie avec le reste du corps. Mon expression "Dansez le mouvement" va dans ce sens, vous obtiendrez plus de puissance et de régularité sans jamais avoir l'impression de faire un effort physique important.

Les mains, les pieds sont toujours les deux seuls points de référence dans le mouvement de golf. Le talon gauche peut être légèrement sollicité dans la montée, il aura pour effet de faciliter votre rotation, autrement dit toutes les personnes qui se jugent peu souples auront avantage à le faire sans aucune appréhension.
Trop de commentaires négatifs ont été entendus et écrits à son sujet "levez le talon gauche", n'oubliez pas.
Dans la descente et par synergie, vous trouverez dans le pied droit un élément déclencheur de puissance qui viendra se rajouter à votre vitesse de bras.

La biomécanique des pieds est très importante à connaître car comme dans la boxe, sport merveilleux sur le plan de l'équilibre et de l'harmonie, les pieds jouent un très grand rôle.
Sachez que lorsque vous tapez une balle à votre maximum, vous avez une poussée latérale de 80 kg dans votre pied droit, à peu près votre poids de corps.
Avant de jouer votre balle, faites un petit mouvement d'essai pour programmer, pour identifier vos pieds. Vous serez d'une manière naturelle toujours en recherche d'équilibre en prenant votre position.

ENTREZ DANS MON PRACTICE

L'IDENTIFICATION

Faites la différence entre "regarder et voir"

Télémétrez votre objectif. Gardez-le en mémoire.
La volonté du regard existe lorsque vous fixez votre balle avec une certaine intensité dans la visée.
Vous parlez déjà à vos muscles.
Identifiez votre objectif, ne jetez pas uniquement un clin d'œil sur le drapeau car vous n'aurez rien vu ou plutôt tout vu.
Faîtes un effort pour ne voir que l'objectif, effacez de votre esprit tout ce qui ne vous concerne pas.

Télémétrez le drapeau, tout le reste aura disparu.

6.2

ENTRE REGARDER ET VOIR

VISEZ

Affûtez votre coup d'œil, votre habileté.

Exécutez un mouvement normal en essayant de faire un palet comme à la pétanque.

Visez derrière la balle.

ouez sans vous déplacer, lancez votre balle de trois manières différentes.
Observez le "rouler" à chaque lancer.

1/3 de portée,
2/3 de "rouler"

1/2 portée,
1/2 "rouler"

2/3 de portée,
1/3 de "rouler"

Rappelez-vous de ce jugement devant tous les greens, toujours trois réflexions...

6.4

DIFFERENTES POSITIONS DE BALLES

DRIVE (bois n° 1)
Talon gauche.
Epaule gauche.

FER 5
Milieu du pied.
Axe du visage.

FER 10 wedge
Centre droit.

LA DECONTRACTION

En prenant votre position, sans le club, laissez vos bras ballants afin de percevoir leur poids, identifiez le poids de vos mains.
Faites quelques mouvements d'essai.
Puis, prenez votre club. Identifiez toujours le poids de vos mains. Jouez.

adresse

backswing

finish

Si vous réussissez à bien exécuter cet exercice, et cela n'est pas facile, vous enregistrerez une surprenante sensation de vitesse de passage des mains.
Cette sensation, à base d'extrême décontraction, vous devez également être attentifs à la ressentir club en mains.
Vous serez surpris de sentir combien il est difficile et important d'être décontracté.
Placez-vous à l'adresse sans votre club, mais essayez néanmoins de visualiser votre objectif comme si vous alliez jouer un coup.
Exécutez votre swing avec la même détermination que si vous aviez un club dans les mains.

6.7

LES MAINS DEVIENNENT LE CLUB

DEPART NATUREL

Avec votre main droite, tenez votre avant-bras gauche.

Même exercice pour la main droite.

Identifiez votre main gauche.
Provoquez le départ du club.

Provoquez le départ du club.

Joignez vos 2 mains.
Identifiez-les.

Donnez-leur l'initiative du départ.

6.9

N'ANTICIPEZ PAS L'IMPACT

adresse

backswing

impact

finish

Placez vos mains très près de la tête du club.
Faites votre mouvement.

Si vous jouez trop tôt avec votre main droite, vous serez surpris de recevoir un coup assez violent avec le manche du club.
Par contre, si vous laissez descendre vos mains, vos bras comme s'ils étaient devenus le club, vous pourrez finir sans aucune difficulté.

Au golf, il est important que les mains et le bras deviennent le club.

impact **NON**

VOUS ETES DEVENUS LE CLUB

adresse backswing impact finish

Un autre exercice intéressant :

En prenant le club uniquement de la main gauche, disposez-le de manière à ce que le grip touche votre hanche gauche.

Démarrez lentement sans que le manche du club quitte ce contact. Vous aurez la sensation d'être devenu le club.

backswing **NON**

6.11

EXERCICE: L'ANGLE D'ATTAQUE

1.2. Lancer une balle verticalement vers le sol, le rebond sera haut.

3.4. Avec un club, même réaction, la trajectoire sera haute. Faites confiance aux degrés d'ouverture de votre club.

OUI

OUI

5.6. Prenez une balle, essayez de fâire un ricochet, le rebond sera faible.

7.8. Avec un club, même résultat si vous voulez soulever la balle, elle sera toppée, elle roulera au sol.
Vous êtes bloqué sur la jambe droite.

NON

NON

QUELQUEFOIS LES MAINS NE FONT QUE DES ERREURS

OUI

OUI

NON

NON

6.12

2 GRANDES ERREURS

Oui : square

adresse

backswing 2

impact

adresse 4

backswing 5

impact

Non : hook

QUELQUEFOIS LES MAINS NE FONT QUE DES ERREURS

:et exercice a été réalisé volontairement avec une raquette afin de mieux vous ıontrer l'impact du club sur la balle.

ıon objectif : attirer de nouveau votre attention sur les conséquences d'une mau aise prise. Vous ne pourrez absolument pas espérer un coup au but avec un ıauvais jeu de mains.

-2-3 - Grip idéal. La face de la raquette correspond parfaitement à la position e la main gauche (square).
-5-6 - Main gauche trop fermée, face de la raquette très "fermée", impact ermé, balle très à gauche (hook).
-8-9 - Main gauche très ouverte, la face de la raquette "très ouverte", impact ace ouverte, balle très à droite (slice).

resse 7

backswing 8

impact 9

Non : slice

LE BANDEAU

Je trouve cet exercice particulièrement intéressant.

Ecoutez les bruits de votre mouvement, contrôlez seulement deux détails : les mains, les pieds.
Je vous défie de rater la balle.
Ecoutez les bruits de votre corps, de votre mouvement, de vos mains, de vos pieds, "Ecoutez l'impact".

adresse

backswing

npact

finish

LE CORPS EN LIBERTE

1

2

3

1. Prenez une position tout à fait normale mais, avant de faire l'exercice, sans bouger, imaginez les mouvements que vous allez faire. "N'oubliez pas : le cerveau est porteur de la mémoire du temps passé."

2. Rapprochez le pied gauche vers le pied droit, sans modifier le positionnement du club et de la balle.

3. Démarrez le mouvement avec la main gauche et le bras gauche avec une certaine idée de rythme afin que tout votre corps soit en rotation.

LE TEMPO

Prenez votre club à l'envers dans la main gauche, faîtes le même exercice le club étant très léger, vous n'aurez aucune peine.
Mettez en mémoire le poids du manche du club.
Mettez en mémoire le peu d'effort fourni pour ce geste.
Rythmez votre respiration.
Finissez en extension comme si votre souffle allait déranger le drapeau.

San
en
Vo

Au
et l
Un

4

5

4. Etant au plus haut du mouvement, avancez le pied gauche à sa place initiale, vous créez à ce moment une tension musculaire dans votre corps et la sensation d'un geste de lancer sera très forte.
Vous vous apercevrez que les mains, le bras, le club ne faisant qu'un, passeront sans votre ordre, vous serez ce que les golfeurs appellent en général : “Etre derrière la balle”.

5. La traversée de la balle se fera sans que vous ayez décidé le moment de l'impact. Ça c'est golf !

6

7

8

6. 7. 8. Vous serez en pleine extension à la fin du geste. Le rôle de vos pieds est donc déterminant du départ à la fin du mouvement.

LE FINISH

EN 4 TEMPS

Afin d'améliorer votre équilibre :

Montez.

backswing

Frappez.

finish

La notion de rythme, habituellement jointe à un registre musical, existe aussi a
niveau de notre propre corps, elle prend alors deux sens :
- le premier est la manière d'être de ce corps,
- le deuxième, sa façon d'aborder le mouvement, la lenteur ou la rapidité à l'ef-fectuer qui correspond à sa personnalité totale.

une contraction et en expirant dans la montée, commencez le mouvement
ant le rythme, le poids de vos mains, le mouvement de vos pieds.
ez surpris par votre disponibilité corporelle.

t du jeu de golf, vous pouvez être attentif que sur ces deux points : les mains
ds (les extrémités).
ır très confirmé aura souvent besoin de reprendre conscience de cette base.

Ecoutez le sifflement du club.

LE FINISH

ttez votre pied sur la trace de l'impact.

Regardez votre balle.

PRIORITE A LA FACE DU CLUB

1

2

3

1. Identifiez le drapeau.

2. Prenez un point de repère, à quelques mètres de la balle.

3. Placez la face du club sur ce point de repère.

4. Prolongez votre visée : - face au club
   - point de repère
   - drapeau.

4

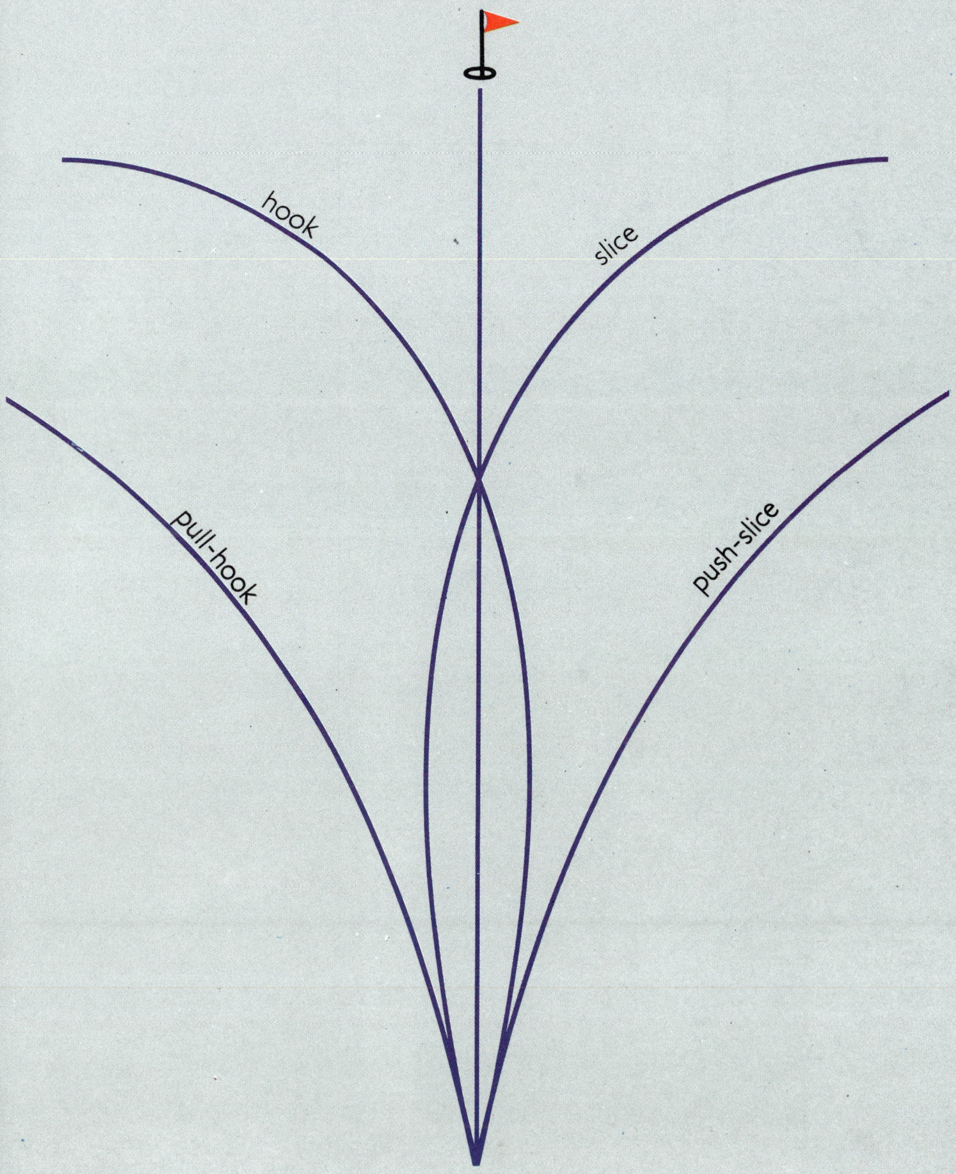
hook
slice
pull-hook
push-slice

SQUARE

Etre SQUARE dans la position signifie tout simplement que la face du club et vos pieds sont dans le même alignement.

adresse

backswing

act

finish

STANCE OUVERT

La face du club vers le drapeau, les pieds sont orientés vers la gauche du green. Pour cela, mettez le pied droit en avant du pied gauche. Ainsi vous monterez plus verticalement, ce qui aura pour conséquenc de lifter votre balle sur la droite – FADE – SLICE.

adresse

backswing

finish

STANCE FERME

La face du club sur le drapeau, les pieds sont orientés sur la droite d green. Pour cela, reculez le pied droit, ainsi vous monterez davantag l'intérieur, ce qui aura pour conséquence de lifter votre balle sur la g che. HOOK - DRAW.

adresse

backswing

ıpact

finish

LES TRAJECTOIRES

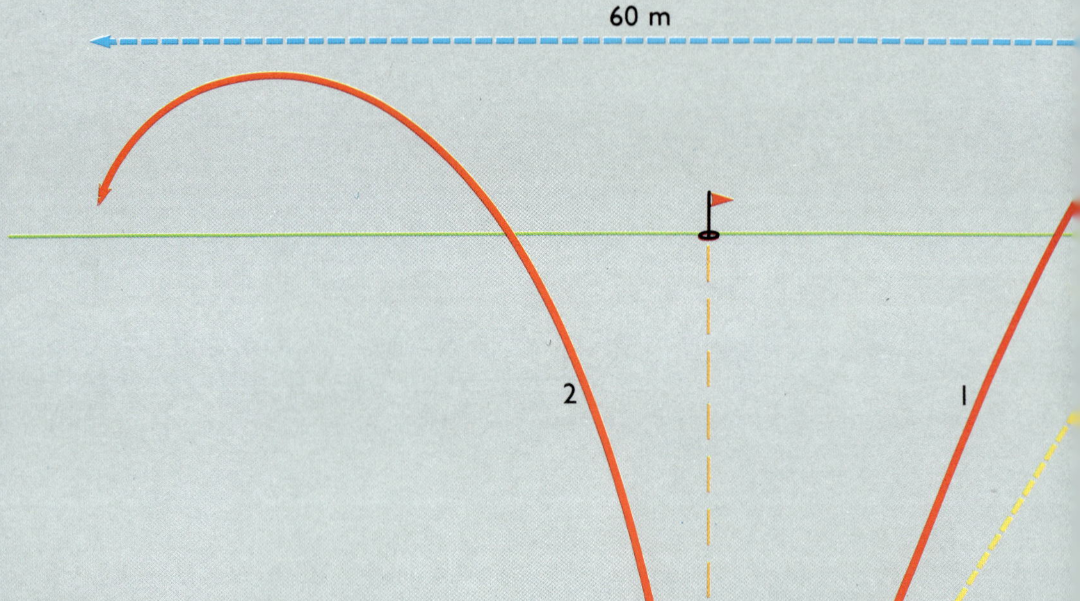

Trajectoire n° 1
Vous êtes sur la droite du drapeau, mais cohérent avec votre alignement.

Trajectoire n° 2
Avec le même alignement, mais avec l'obligation inévitable de jouer le drapeau, la rotation des poignets de droite à gauche aura pour effet de lifter votre balle sur la gauche.
Vous aurez un champs de tir large de 60 m.
Stance ouvert : mêmes remarques.

Donc vous pouvez faire des slices et des hooks à volonté. Vous ne maîtrisez plus votre balle, vous balaierez le parcours de droite à gauche.

stance fermé

UNE SEULE RAISON : UN MAUVAIS ALIGNEMENT

stance ouvert

RESPECTEZ VOS MARQUES

green à 200 m

green à 150 m

green à 100 m

green à 50 m

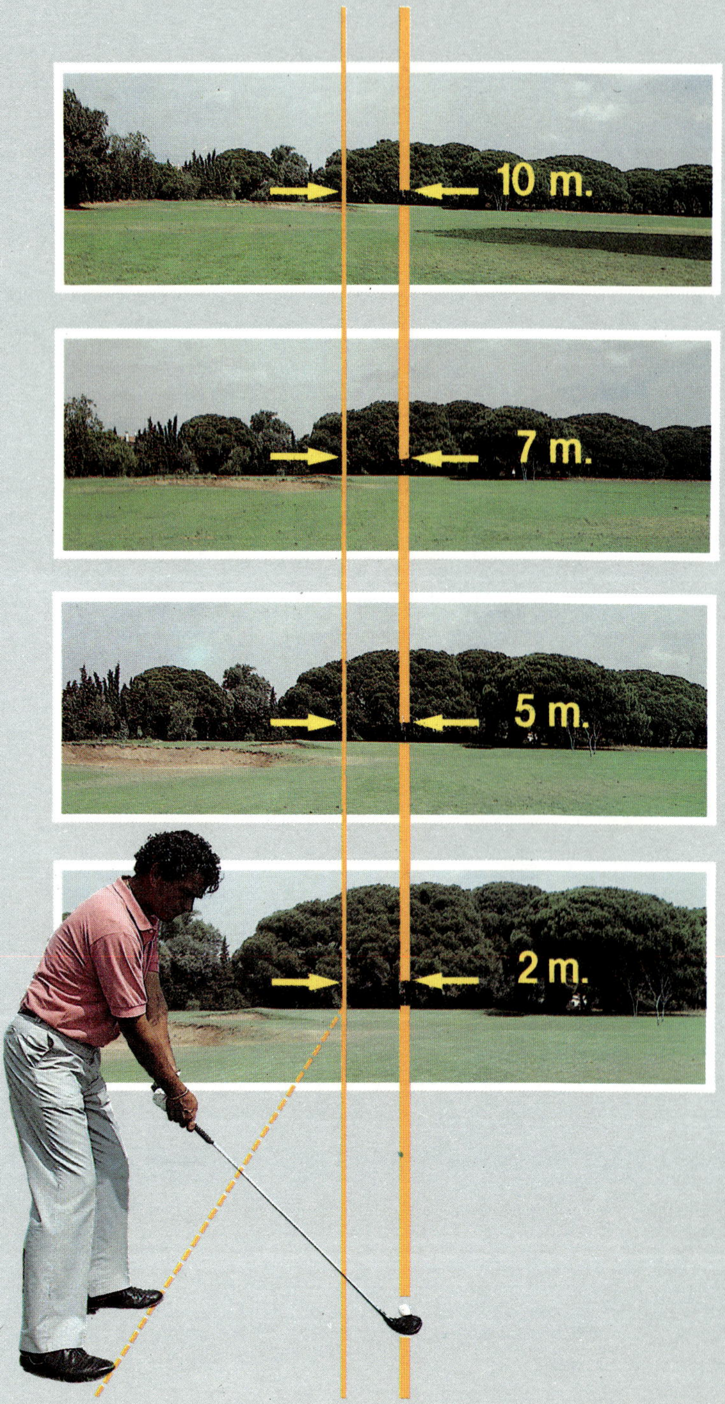

6.23

CONCLUSION

L'alignement correct sur le drapeau, ou vers la partie du fairway que vous avez décidé de jouer, reste l'acte le plus difficile à réaliser en répétition. Les situations que vous rencontrerez sur le parcours ne seront jamais les mêmes selon les obstacles ou l'architecture des trous.
Vous serez donc très souvent conditionnés par les dangers immédiats que vous aurez identifiés en premier ou le contraire : "beaucoup de joueurs ne regardent que du départ au drapeau, même si le trou mesure 400 m, autrement dit, ils n'ont rien vu.
Vous devez savoir que dans le jeu de golf, 90 % des joueurs se dirigent systématiquement vers la droite de l'objectif, c'est quelquefois impressionnant et ce sont en général des joueurs qui vous parlent beaucoup de technique.

Etant placé trop sur la droite, il n'est absolument pas possible de réaliser un coup de golf correct, vous serez obligé de provoquer des corrections inévitables, coups de poignets avec votre main droite, vous sentirez votre épaule droite revenir par-dessus, vos jambes se raidir, vos doigts de pieds se crisper, enfin toute une avalanche d'erreurs.

Toutes ces erreurs peuvent être évitées par le simple fait de bien vous aligner. Vous ne verrez jamais un joueur professionnel orienté vers la droite du green ; son alignement sera toujours sur le côté gauche du green.

Les erreurs de trajectoire sont différenes mais, en général, avec les fers vous ferez une balle qui tournera vers la gauche, ce qui aura pour effet de vous persuader de vous placer encore plus sur la droite.

Toujours avec les fers.

Vous ferez de temps en temps une magnifique socket qui vous conditionnera pour essayer de revenir de l'intérieur, mais à ce moment-là, vous irez sur la droite et vous en perdrez votre latin golfique.

Avec les bois, vous aurez les mêmes trajectoires, hook, slice, balle talonnée puis une supplémentaire, une balle en chandelle et tout cela uniquement à cause d'un mauvais alignement à l'origine.

Alors, de grâce, arrêtez de vouloir corriger votre mouvement par de petits trucs, il n'y a pas de petits trucs !

Vous vous chargez de soucis inutiles, enlevez de votre esprit cette préoccupation des coups au but.
"Il est des échelons dans la maîtrise et celui-là seul qui a atteint le dernier n'est plus exposé à marquer le but extérieur." (Extrait du 2e Herriguel).

C'est la connaissance qui vous donnera "la confiance".

GTI 16S
GOLF GTI 16 S

Action coordonnée de plusieurs organes, association de plusieurs fonctions, de plusieurs facteurs qui concourent à une action unique, à un effet d'ensemble.

"Le Robert"

SYNERGIE

LE MIROIR

C'est un exercice très important car il permet d'apprendre en s'observant. Il permet, également, au joueur d'être confronté à 3 angles de vision.

Se voir tout entier dans le miroir, se reconnaître et saisir la forme globale de son corps.

Prendre conscience de son propre corps, c'est aussi promouvoir les fonctions attachées à chaque zone concernée.

Etre placé sous le regard de l'autre, c'est une auto-observation immédiate, efficace.

1

2

Avant de jouer, retrouvez votre regard dans le miroir. Captez-le, commencez votre mouvement en oubliant la balle, ne décidez jamais de frapper celle-ci à un moment donné, la rencontre sera inévitable.
Tout en vous fixant, vous aurez la faculté d'apercevoir votre mouvement.

3

4

7.1 LE MIROIR

5

6

Cet exercice a pour but également de vérifier si la distance entre vous et la balle est bonne.
Entraînez-vous souvent devant un miroir. Apprenez à vous connaître.

N'oubliez pas :

Le corps ne se trompe pas, l'esprit oui !

7

8

EXERCICE 1: LE PLAN DU SWING

OUI

OUI

Vérifiez le plan de votre backswing

Une fois en haut, lachez légèrement le club. S'il tombe sur le sommet de l'épaule droite, vous avez le plan idéal.

S’il tombe derrière vous, vous êtes trop plat.

NON

NON

NON

NON

S’il tombe sur votre tête, vous êtes trop vertical.

EXERCICE 2: AVEC UN TEE

Arrêtez-vous à mi-hauteur, visez votre balle avec votre tee comme s'il était devenu la face du club.
Frappez.

Arrêtez-vous à mi-hauteur, le tee doit être dirigé vers là où se trouvait la balle.

Cet exercice a pour but d'améliorer, d'augmenter le travail des mains.

EXERCICE 3: AVEC DEUX BALLES

FACE

adresse

backswing

impact

adresse

backswing

impact

PROFIL

finish

finish

Cet exercice est un des plus importants, il développe l'habileté, la visée, la maîtrise de soi.

Adressez-vous sur la balle n° 1, en haut du mouvement, votre objectif devient la balle n° 2.

Frappez de l'intérieur, vous éviterez ainsi le fameux coup d'épaule.

7.5

BALLE EN MONTEE

Faites un mouvement d'essai, c'est à l'endroit où votre club touche le sol qu'il faudra vous placer par rapport à la balle.

Poids du corps : 70% sur le pied gauche.
Les mains en avant de la balle.
La tête au-dessus de la balle.
Exécutez votre mouvement en gardant le poids du corps sur la jambe gauche.
Finissez avec les mains très hautes, vous êtes alors en extension.
Finissez bien votre geste.

OUI

OUI

L'envie de soulever la balle, voir même d'intervenir, vous mettra en position où le poids du corps sera trop sur la jambe droite.

Vous n'aurez plus d'équilibre.

NON

NON

7.6

BALLE EN DESCENTE

Même mouvement d'essai qu'en montée.

OUI

OUI

Poids du corps : 70% sur le pied gauche durant tout le mouvement.

La balle au milieu des pieds.

Si, en terrain plat, vous prenez un fer 7, en descente prenez un fer 8. Le club arrivera plus fermé à cause de la descente et de la répartition du poids.

NON

NON

Le poids du corps ne pas être sur le pied droit.

7.7

VOUS ETES PLUS HAUT QUE LA BALLE

adresse

En terrain plat, à l'adresse, votre club serait plus loin que la balle.
Comme vous êtes plus haut que la balle, il faut rapprocher les bras du corps pour conserver votre équilibre sur les talons.

backswing

Juste avant de monter, reculez un peu votre pied droit pour vous empêcher de monter trop verticalement.

Ne pas bloquer votre respiration. Expirez dans la montée.

7.8

VOUS ETES PLUS BAS QUE LA BALLE

Prenez le club plus court, le buste sera en bonne position, le poids du corps plutôt sur l'avant des pieds. Placez-vous légèrement à droite de l'objectif. Ne bloquez pas vos pieds.

adresse **OUI**

backswing **OUI**

adresse **NON**

backswing **NON**

Trop de joueurs sont assis en arrière. Le corps ne sera pas disponible.

7.9

LE SWING

Les grandes lignes du mouvement

1. Avec le drive

En regardant le mouvement, je vous demande de penser que toutes ces photos sont des "moments", des moments que vous ne devez pas venir parasiter en voulant les contrôler comme un grand tacticien.

Toute la synergie est là !

La main gauche, le bras gauche en se déplaçant commencent par solliciter les clavicules, le buste, ne bloquez pas votre respiration.

Vos hanches commencent à tourner, le genou gauche est sollicité à son tour, le talon gauche se soulève légèrement, ce qui me permet et vous permettra d'avoir une montée suffisamment ample.

A ce moment-là toute la tension musculaire se trouve dans votre jambe droite, bien tenue par la position du pied droit qui sera l'élément déclencheur avec la main gauche. La main gauche faisant office de tracteur, la main droite étant la remorque.
La tension n'est pas contenue essentiellement dans la jambe droite mais dans tout le corps.
La descente est inévitable, mécanique mais vous devez savoir les phases essentielles.
Le talon gauche étant levé dans la montée, le simple fait de le déclencher pour le retour donnera à vos jambes une action d'attaque, de ce fait les mains et les bras auront suffisamment de retard.

A l'impact, les deux mains, conditionnées par le choc, sont solidaires l'une de l'autre. Juste après l'impact, le club étant passé violemment, l'extension du corps et des bras vers l'objectif ne sont commandés que par l'idée de l'objectif.

En préparant le coup, les bras et le haut du corps ont été sollicités en premier.

La descente devra débuter par les pieds pour que la tension musculaire arrive à son point maximum.

Avec un fer n° 9

Le mouvement sera réfléchi de la même manière. La montée sera plus courte, le poids du corps restera davantage sur la gauche conditionné par la longueur du manche du club.
Les pieds jouent le même rôle que dans le drive.

L'ADRESSE

LE SWING

bois 1

fer 9

Les points importants :

- la visée,
- le bras de levier, main et bras gauches,
- rotation du tronc (référence les clavicules),
- le genou et le talon gauche,

et surtout, ne bloquez pas la respiration.

"Plus on se concentre sur l'acte respiratoire, plus s'atténuent les excitations venues de l'extérieur.
Elles s'engloutissent dans un vague murmure auquel on commence par ne plus prêter qu'à demi l'oreille, pour n'en être finalement pas plus troublé que ne l'est celui qui est habitué au murmure de l'océan.
On devient insensible, à la longue, à des excitations mêmes intenses." (Herrigel)

LE FINISH

LE PETIT JEU

8.1

LE CHIPPING – LE PITCHING

Chipping

La tête au-dessus de la balle.

Les mains en avant de la balle.

Le poids du corps à 70 % sur la jambe gauche.

Le coup doit se jouer sans aucun mouvement du poignet. Votre trajectoire sera plutôt basse.

adresse

backswing

Pitching

Le poids du corps à 70 % sur le pied droit.

Dans cette situation, vous devez jouer davantage avec vos poignets.
Votre trajectoire sera haute.

adresse

backswing

ct

finish

t

finish

8.2

LE CHIPPING LE PITCHING

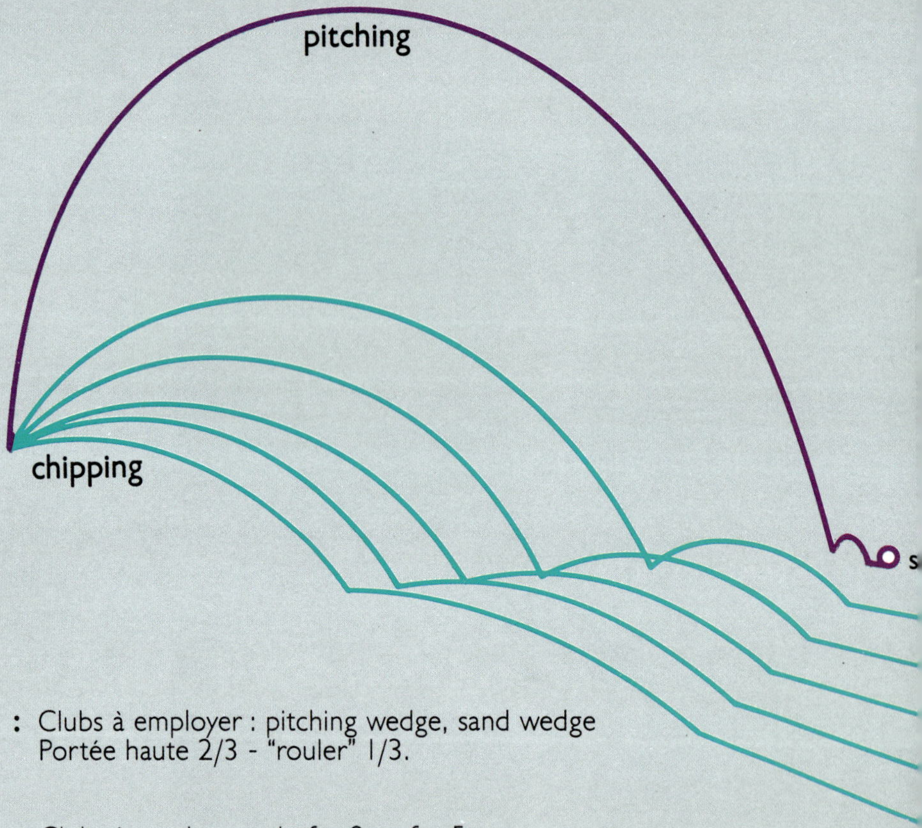

Pitching : Clubs à employer : pitching wedge, sand wedge
Portée haute 2/3 - "rouler" 1/3.

Chipping : Clubs à employer : du fer 9 au fer 5
1/3 de portée - 2/3 de "rouler"

Un green en montée et sans obstacle apparent : vous devez utiliser les fer 5, 6 et 7.

Un green plat ou en descente : plutôt les fers 8 et 9.

Un green défendu par des bunkers : utiliser les fers pitching wedge et sand wedge.

Mais, dans tous les cas, le mouvement reste le même.
Le rythme sera différent en fonction de la distance.

Le mental dans le petit jeu

Lorsque vous avez une approche à réaliser, qu'elle soit relativement facile ou difficile, faites attention de ne pas être trop sûr de vous ou d'être trop crispé dans les cas difficiles.
Faites toujours la différence entre "regarder et voir", captez votre objectif en vous servant de votre visée.

Cherchez la solution la plus réalisable, n'imaginez pas un coup (donc dans le choix du club) spectaculaire, un coup de golf facile n'existe pas !

Lorsque le joueur juge une approche difficile, il pense davantage à l'obstacle qu'il a déjà tellement identifié dans son esprit, qu'il ne joue plus le drapeau ou simplement le green selon les cas.

Le fait d'avoir choisi le meilleur club, vous aurez dénaturé la difficulté première que représentait pour vous l'obstacle.

Reconcentrez-vous maintenant sur le drapeau sans aucune idée négative.

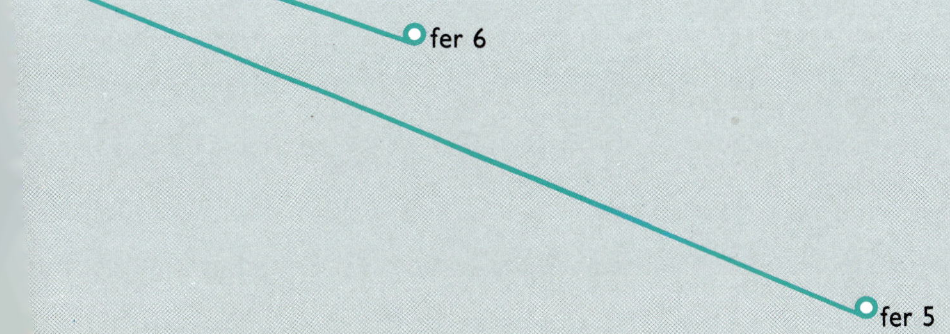

8.3

LE PUTTING STROKE

adresse

backswing

Putting stroke

Prenez n'importe quel fer que vous tiendrez comme un putter. Le poids du corps sur les deux pieds. La balle comme au putting, aucun mouvement de poignets.

act

finish

Le VHS au doigt et à l'œil.

1976 : JVC invente le VHS. Aujourd'hui, JVC vous offre le VHS au doigt et à l'œil avec le caméscope GR-C7S, d'une haute perfection technologique :

• 1400 grammes et 22 cm de long.
• Entièrement automatique, auto-focus avec zoom électrique 6:1, position macro.
• Capteurs de lumière CCD, pour des images sous faible lumière.
• 1 heure d'enregistrement par cassette compacte, avec le mode longue durée.
• Une image Haute Qualité grâce au système HQ, une nouvelle invention JVC.
• Le contrôle immédiat de vos images dans le viseur électronique.
• La lecture directe sur votre téléviseur, ou en utilisant un magnétoscope VHS avec un adaptateur de cassettes.
• Livré dans sa valise protectrice avec viseur électronique, batterie, alimentation/chargeur, cassette, cordon audio-vidéo, modulateur L, sangle et adaptateur-cassette. Vidéomovie GR-C7S : **en VHS Secam.**

HAUTEFEUILLE S.A.

AF AUTO FOCUS   HQ High Quality VHS   CCD

JVC

Le VHS par excellence.

LE BUNKER

9.1

EXAMINEZ VOTRE SAND WEDGE

Un sand wedge est très particulier. Il est lourd, le dessous du club est large, il a pour but d'empêcher le club de trop rentrer dans le sable.

Vous ne devez pas toucher le sable avec le tranchant du club.

Vous devez ouvrir la face du club pour pouvoir toucher le sable avec l'arête qui est au dos du club, ce qui aura pour effet de moins rentrer dans le sable, votre club rebondira même sur le sable. Votre coup du bunker deviendra tellement facile.

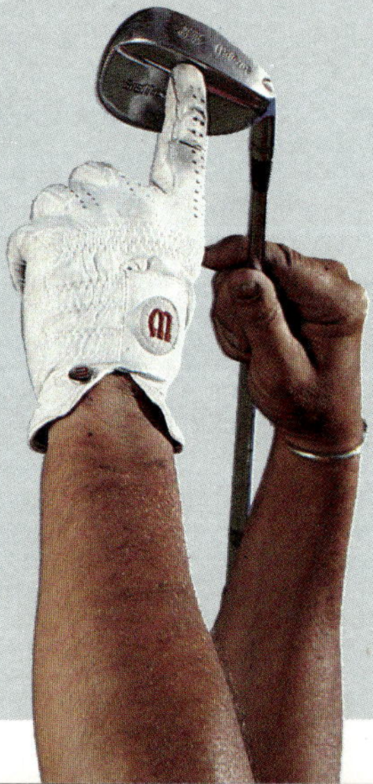

Une règle d'or

C'est avec cette partie du club que vous devez toucher le sable. Il est nécessaire, pour cela, d'ouvrir la face du club.

9.2

L'OEUF AU PLAT

Dans le sable, selon sa densité, selon la position du drapeau, imaginez un œuf au plat.
"Envoyez l'œuf au plat sur le green, sans jamais casser le jaune."

9.3

L'ALIGNEMENT

Face du club ouverte.

Toujours stance ouvert, c'est-à-dire à gauche du drapeau.

Ne changer rien à votre plan de montée, exécutez le coup comme un coup de pitching.

Dans un bunker, le mot le plus important est le mot "déplacement", le déplacement du sable vers l'objectif.

adresse

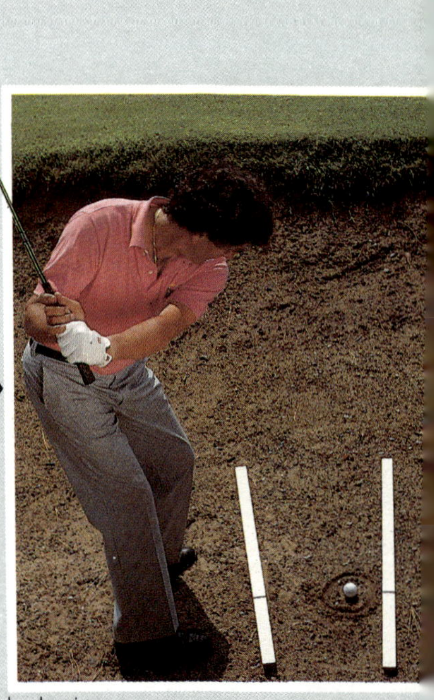

backswing

pact

finish

UNE VISITE DANS LA TECHNIQUE

Position idéale - Stance ouvert - Face du club ouverte.
60% jambe gauche, les mains en avant de la balle, démarrez le mouvement naturellement avec les mains.

OUI

OUI

NON

NON

Montée trop extérieure.

rtout ne visez pas la balle mais le sable avant la balle (l'œuf au plat).

OUI

OUI

NON

NON

sition trop crispée, le club fermé, vous êtes bloqué.

BALLE DANS LA MONTEE

Le poids du corps est à 60 % sur la jambe gauche, les mains sont en avant de la balle, la face du club n'est pas ouverte. Finissez en pensant "Envoyez l'œuf au plat sur le green".

OUI

OUI

NON

NON

L'envie de soulever la balle ne vous donnera aucune chance de sortir du bunker.

9.6

BALLE DANS LA DESCENTE

80 % du poids du corps sur la jambe gauche, les mains en avant de la balle, la tête un petit peu en avant de la balle. Il est important de garder, lors de l'extension, le poids du corps sur le côté gauche.

OUI

OUI

NON

NON

Non ! Ne mettez jamais le poids sur la jambe droite ni la tête derrière la balle. Attention à l'envie de soulever la balle !

9.7

EXERCICES MAIN GAUCHE

Avec la main gauche, entraînez-vous à exécuter quelques coups dans le sable, sachez que le club doit sortir du sable plus vite qu'il n'est entré.

adresse 1

backswing 2

impact 3

finish 4

EXERCICES AVEC UN TEE

Avec un tee

Visez la balle en tirant avec votre main gauche qui est devenue le tracteur, la main droite et le club étant la remorque.

Le tee doit être dans l'axe de la balle.

9.9

LES BUNKERS DE PARCOURS

Poids du corps, 60 % sur le pied gauche.
Tête légèrement en arrière de la balle.
Le mouvement, comme une approche, sans toucher le sable.

Une sortie moyenne (entre 50 et 80 m).

adresse

backswing

On peut utiliser n'importe quel club dans un bunker, du bois de parcours au putter.
Le choix sera fait en fonction de la situation de votre balle, de la qualité du sable et enfin de la hauteur de la butte du bunker.

Poids du corps, 80 % sur la jambe gauche.
La tête en avant de la balle.
Exécutez tout votre mouvement en restant sur la jambe gauche. Vous ne devez jamais toucher le sable avant la balle.

Une longue sortie au-delà de 80 m.

dresse

backswing

PEU DE SABLE BEAUCOUP DE SABLE

Peu de sable.
Sable mouillé.

Club square.

Un tempo très doux.

Beaucoup de sable.
Sable lourd.

Club ouvert.

L'œuf au plat.

9.11

CONCLUSION

Les trous de sable,
les bunkers,
les trous d'obus,
les trappes,
les fossés à sable...

Toutes ces appellations, anciennes ou modernes, montrent déjà la psychose des bunkers, la difficulté à les éviter, la facilité à ne pas les éviter. Pensez toujours qu'ils font partie intégrante du parcours. Considérez les bunkers comme de toutes petites choses. Ils ont été posés là, autour d'un green, sur certains côtés du parcours, comme pour épauler le fairway.
Vous arriverez à les éviter en regardant uniquement ce qui vous intéresse, c'est-à-dire le fairway, le green, le drapeau.
Dès que votre regard s'échappera de ces endroits, l'alarme sera déclenchée.

"Plus je m'entraîne dans les bunkers, au practice, moins je rate de coups sur le parcours", a dit Gary Player.

Qui ne s'est pas senti, un jour, frustré d'avoir atterri dans un bunker et d'avoir même perdu un match pour cela ?
Vous en jouerez d'autres !

Considérez que le mouvement est le même que sur l'herbe, le choix du club, par contre, lui, est très important, toute votre sortie en dépendra. Et si vous avez pratiqué au practice, suffisamment ce genre de coup, vous n'aurez pas de difficulté à les maîtriser.
Ne vous laissez pas énerver par les autres joueurs.
Ne vous laissez pas énerver par les bunkers.
Contrôlez-vous... Respirez !

Entre mes rêves et la réalité, mes projets et leur réalisation, distances et difficultés sont désormais abolies.

Quoi que je veuille oser, quels que soient les chemins qu'emprunte mon imagination, où que m'entraîne le cours de ma vie et de mes ambitions, avec Europcar, oui je peux.

Mes désirs n'ont plus de limites, je loue une voiture Europcar et je peux aller où je veux, quand je veux, comme je veux, pour un temps dont je suis seul maître.

Plus de frontières, plus de terres

vraiment étrangères, Europcar est partout dans le monde, toujours proche de moi. Où je suis aujourd'hui, où je serai un autre jour, Europcar est déjà là et m'attend.

Pour moi, plus de barrières, plus d'impossible.

Avec Europcar, les routes qui mènent aux affaires, au succès, au plaisir et à l'évasion s'ouvrent toutes devant moi. Ma volonté ne connaît plus sa force.

Elle peut soulever les montagnes.

europcar
location de voitures

Oui, je peux.

LE PUTTING

10.1

LE CHOIX D'UN PUTTER

Le putting est une des parties importantes du jeu de golf, il représente la moitié du résultat. En général, les joueurs pensent qu'il n'y a pas vraiment une méthode, c'est un mauvais raisonnement.
Si vous observez les deux meilleurs putters du monde, vous constaterez qu'ils ont beaucoup de similitudes.
Ce compartiment du jeu nécessite un bon équilibre, un mental "positif", un alignement correct, une prise de mains qui peut être très différente des autres clubs mais une règle impérative : ne jamais bouger vos poignets.

L'erreur la plus terrible, la tête du club qui passe avant les mains.

Le conseil le plus sûr : alignement, équilibre, visée, balancier, une énorme confiance en soi.

Trois grandes familles de putters

1. Le manche en bout de tête : utilisé surtout par certains pros. "Il ne pardonne pas la faute."

2. Le manche un peu plus décalé : très bon compromis, 20 % de joueurs le pratiquent.

3. Le manche central : très efficace, utilisé par 70 % des golfeurs.

1 2 3

LES DIFFERENTS GRIPS

Au putting, il faut impérativement, quel que soit votre grip, que le club passe au milieu de la paume de votre main gauche. Ceci a pour effet de diminuer le mouvement de votre poignet.

Pression égale pour les deux mains afin de faciliter le balancier.

10.3

LA POSITION

Trop sur le pied gauche, votre putter s'élèvera beaucoup trop de la surface du green.

60 % sur votre jambe droite vous permettront, sans le savoir, de suivre parfaitement le sol.

10.4

LE CONTROLE

En règle générale, le poids du corps réparti sur les deux pieds.
Les bras ballants.
Pression égale pour les deux mains.
Les yeux au-dessus de votre balle. Pour vérifier ce dernier point, prenez une balle, portez-la à hauteur des yeux, laissez-la tomber, elle doit toucher la balle au sol.
Beaucoup de putters ont des lignes, des repères. Servez-vous en.
Imaginez toujours le trou 30 cm plus loin pour vous habituer à ne jamais rester court du trou.

L'ALIGNEMENT

COMMENT LIRE UN GREEN

J'aligne mon putter sur le bord de ma balle et le milieu du trou. Ceci me permet de trouver un point de repère (en ligne droite avec le trou) qui me donnera une indication sur la déclivité du green.

Je décide ainsi la trajectoire, le point de repère m'aide à définir la pente.

Avant de jouer, observez bien les trois angles :

. De la balle au drapeau.

. La distance de la balle au drapeau.

. La pente opposée.

EXERCICE 1

Avec une pièce de monnaie

Amusez-vous à la faire avancer pendant cinq minutes. Vous apprendrez naturellement à raser le sol.

Avec deux balles

Disposez une balle à 1 mètre de vous. Amusez-vous, pendant quelques instants, à la toucher. Ceci est un très bon exercice pour la visée. Pour votre habileté vous serez, j'en suis sûr, très performant car le trou est abstrait.

10.8

EXERCICE 2

EXERCICE 3

Afin de sensibiliser votre toucher

Prenez le club à l'envers, jouez quelques instants en essayant de percevoir le poids du grip.

N'oubliez pas : le manche du club pèse 50 grammes.

adresse

backswing

finish

10.10

EQUILIBRE ET POIDS DU CLUB

Pour éviter tout mouvement de poignet et préparer votre balancier, il faut que l'avant-bras gauche devienne le club.
Le manche du putter doit toucher votre avant-bras. Tenez avec votre main droite le club et votre avant-bras. Identifiez votre main gauche, votre avant-bras étant devenu le club. Jouez quelques balles.

adresse

backswing

finish

Dans l'introduction qui débutait cet ouvrage je vous indiquais que "une tonne de technique peut être négative".

Il n'est absolument pas nécessaire d'accumuler les heures d'entraînement pour le seul plaisir de les additionner. Au golf, la quantité est très souvent néfaste à la qualité.
Bien entendu, il faut consacrer le temps nécessaire à l'apprentissage et à l'entraînement. Avant de faire une symphonie, il faut faire beaucoup de gammes.
Taper dix balles en travaillant très intensivement un aspect de votre swing, de votre rythme ou de votre concentration est beaucoup plus profitable que d'enchaîner cinquante coups par réflexe.

Le golf est un jeu, soyez prêt à l'accepter comme tel. Il est donc un jeu avec soi-même, cette sorte de retrouvailles personnelles dont nous parlions précédemment. Alors, apprenez à ne pas vous quitter de si tôt...

Il existe en effet une seconde façon de s'entraîner que j'appelle le practice mental. J'y crois beaucoup. J'y attache même autant d'importance qu'à l'autre.

Après une journée de jeu, en prenant votre bain ou en prenant un verre, bref en vous retrouvant seul, c'est-à-dire dans la situation exacte du golfeur (d'où cette idée très vraie que le golf est une véritable imitation de la vie), entraînez-vous à faire une reconstitution de vos souvenirs. Revivez votre parcours trou après trou, coup après coup.

Reconstruisez dans votre tête vos gestes, les visions que vous avez eues, les tactiques que vous avez déployées, et efforcez-vous surtout de vous souvenir à quoi vous avez pensé à tel et tel moment. Replacez ce souvenir dans le déroulement exact de vos pensées sur le parcours, et tentez d'analyser en quoi ces dernières furent positives ou négatives.

Ce n'est pas très difficile et cela demande seulement un peu d'entraînement. Mais vous vous rendrez compte que c'est absolument passionnant et qu'il s'agit, selon moi, de l'un des meilleurs exercices golfiques qui existent.

Cherchez à ressentir - dans votre fauteuil, sans bouger - ce que vous avez ressenti au moment où vous exécutiez vos coups.

Revoyez les endroits du parcours, ceux où vous avez rencontré des problèmes. Revivez vos emportements, vos excitations, vos moments de plaisir... Essayez alors de rejouer mentalement, maintenant que vous êtes dans un état de relaxation avancée. Dans votre esprit, le coup de golf partira tout seul, parce que vous ne serez plus parasité par des réactions extérieures.

Le lendemain, votre partie de golf sera certainement d'un meilleur niveau. Ou bien, le jour suivant. Au golf vous le savez, le plus beau jour est toujours celui qui vient..

Lorsque vous jouez une balle, qu'elle soit bonne ou mauvaise, pensez toujours que ce coup est terminé, il est déjà vieux, vous ne pouvez plus le refaire. Il est donc inutile de transporter en vous les déductions de ce coup raté. L'alarme est déclenchée, vous êtes conditionné pour rater le coup suivant.

Il faut savoir oublier le coup.

Le golf est un jeu, mais un jeu difficile. J'ai voulu vous montrer, à travers ces pages, quel que soit votre niveau, votre âge, qu'il est possible de progresser de façon naturelle, sans trop de technique, uniquement en suivant ces recommandations.

Pourtant, certaines personnes me disent encore : "Je suis trop vieux pour faire des progrès". Quelle erreur !
Ils attendent bien sûr de moi, une réponse qui n'est pas difficile à deviner.
La voici :

"Vous êtes jeune comme votre foi,
aussi vieux que votre doute.
Aussi jeune que votre confiance en vous-même,
aussi vieux que votre abattement.
Vous resterez jeune tant que vous recevrez ce
qui est beau et grand".

Bonne chance

LE GOLF ET LUCIEN BARRIÈRE

Un parcours sans faute.

Les Hôtels Lucien Barrière offrent aux golfeurs la possibilité d'accéder à un ensemble unique de terrains, aux caractères très différents et complémentaires, implanté dans trois grandes stations de villégiature :

CANNES - DEAUVILLE - LA BAULE

A CANNES : Au pied de l'Esterel, le golf-club de Mandelieu offre au joueur la quiétude d'un parcours en bord de mer, à l'ombre des pins parasols et des palmiers, rythmé par le cours de deux rivières.

2 parcours sont à votre disposition - 18 trous par 71 et 9 trous par 33 - ainsi que trois professeurs et une monitrice.

Pour tous renseignements : Golf Club de Cannes-Mandelieu. 06210 Mandelieu. Tél. : 93.49.55.39.

A DEAUVILLE : Sa situation exceptionnelle en fait un des plus beaux golfs d'Europe : il permet, à 5' de Deauville, de jouer dans le calme de la verdure normande, en bénéficiant d'une magnifique vue sur la baie de Seine et la vallée de la Touque.

3 parcours de 9 trous, pouvant se combiner à volonté, sont à votre disposition ainsi que cinq professeurs (en saison). Des stages sont organisés en mai, juin et septembre.

Pour tous renseignements : New Golf. 14800 Deauville. Tél. : 31.88.20.53.

A LA BAULE : Légèrement en retrait de la mer, le golf de La Baule présente un parcours varié, tant par ses difficultés graduées, que par la nature de son environnement : chênes et châtaigniers boisent un terrain vallonné qui s'enroule autour d'un lac artificiel de 5 ha.

Un parcours de 18 trous par 72 est à votre disposition ainsi que trois professeurs. Des stages sont organisés sous la direction de Gery Watine.

Pour tous renseignements : Golf de La Baule. 44117 Saint Denac. Tél. : 40.60.46.18.

Les Hôtels Lucien Barrière offrent ainsi à tous les passionnés de golf un choix exceptionnel. Pour vous permettre de le découvrir dans les meilleures conditions, Lucien Barrière vous propose le Golf Pass, livret vous donnant accès à l'ensemble des parcours. Vous pouvez bénéficier ensuite d'une nuit dans un des hôtels Lucien Barrière de votre choix si vous avez effectué un parcours sur chacun des golfs concernés, et si vous avez séjourné dans un des hôtels Lucien Barrière de chacune des villes correspondantes.

Pour tous renseignements : Les Golfs Lucien Barrière ou Société des Hôtels Lucien Barrière. 9 avenue de l'Opéra - 75001 Paris. Tél. : 42.96.98.59.

"THE GLENLIVET"®

Sous ce ciel exactement,
sur cette terre précisément, par cette eau exclusivement,
naît "THE GLENLIVET" merveilleusement.

"Sachez apprécier et consommer avec modération".

Ogilvy & Mather

Quand on naît sous le ciel d'Écosse, on a déjà beaucoup de chance de devenir un bon whisky.

Mais en Écosse, tous les lieux ne sont pas égaux. Aussi, lorsqu'en 1746, John Smith décida de s'installer dans les Highlands, il avait sans le savoir choisi l'endroit privilégié pour la fabrication du malt whisky. Mais John Smith n'avait pas seulement du flair, il avait de la chance. Dans un petit vallon, il trouva un endroit où l'eau et la tourbe sont meilleures que partout ailleurs en Écosse.

C'est là qu'il établit "THE GLENLIVET DISTILLERY". En 1824, THE GLENLIVET fut décrétée première distillerie légale d'Écosse par le Parlement.

Un single malt douze ans d'âge. *Élaboré à partir d'orge maltée, la plus riche, la plus noble des céréales, THE GLENLIVET est un single malt : il provient d'une seule et même distillerie.*

Le caractère unique du whisky est ainsi conservé. Douze années de vieillissement affinent alors le goût incomparable, rond et légèrement fruité du whisky THE GLENLIVET.

® "The Glenlivet" and "Glenlivet" sont des marques déposées au Royaume-Uni et autres pays

THE GLENLIVET single malt, le Père de tous les Scotch.

« Vivre d'amour, de golf et de Perrier-Jouët »

LE GOLF DE A à Z

Adresse	Position du joueur devant la balle.
Air Shot	Passer au-dessus de la balle ou à côté.
Albatros	3 coups en-dessous du par.
Backspin	Effet de rotation arrière de la balle.
Backswing	Haut de la montée dans le mouvement.
Birdie	1 coup en-dessous du par.
Bunker	Trou de sable.
Boggey	1 coup au-dessus du par.
Caddy	Porteur du sac du joueur.
Chip	Approche roulée.
Clean	Balle prise sans toucher l'herbe.
Cut	Qualification après deux tours d'un tournoi.
Downswing	Partie basse du mouvement avant impact.
Divot	Motte de terre, ne pas oublier de la remettre.
Dog leg	Parcours qui tourne à gauche ou à droite.
Driver	Bois n° 1.
Dropper	Action de relever sa balle et de la laisser tomber à bout de bras.
Eagle	2 en-dessous du par.
Etiquette	Respect du parcours et des autres joueurs.
Fade	Balle volontairement coupée et finissant sur la droite.
Fairway	Partie tondue du parcours.

Flat Plan du swing plat.

Finish Fin du mouvement.

Foursome Formule compétition par équipe de 2 joueurs.

Green Partie du parcours entourant le trou.

Greenkeeper Responsable du parcours.

Grip Prise de mains sur le club.

Handicap Classement d'un joueur par rapport au parcours.
Nous vous souhaitons de le baisser après lecture du présent ouvrage.

Hook Balle tournant sur la gauche.

Impact Rencontre du club et de la balle.

Lie Position du club sur le sol.

Loft Inclinaison de la face du club.

Match play Formule de compétition.

Medal play Formule de compétition.

Obstruction Obstacle gênant le joueur.

Open Compétition de professionnels et d'amateurs de haut niveau.

Par Nombre de coups à faire par trou.

Parcours Totalité de la surface réservée au jeu de golf.

Pitch Impact de la balle sur le green.
Approche en levant la balle.

Pitching-wedge Fer n° 10.

Play off 2 joueurs à égalité qui continuent à jouer jusqu'à élimination de l'un d'eux.

11.2

Posture	Position du corps à l'adresse.
Practice	Zone d'entraînement.
Puncher	Action plus sèche de frapper la balle.
Putter	Club à face verticale utilisé sur le green.
Putting	Ensemble des coups sur un green pour faire rouler la balle dans le trou.
Putting stroke	Approche avec le grip du putting.
Rough	Partie non tondue du parcours.
Sand-wedge	Club à face très ouverte pour le bunker.
Slice	Balle finissant fortement sur la droite.
Socket	Balle tapée dans le manche du club, avec un fer.
Square	Arrivée parfaite du club sur la balle.
Stance ouvert	Position des pieds.
Stance fermé	Position des pieds.
Sway	Déplacement du corps.
Swing	Action de lancer le mouvement.
Swingweight	Le point de flexion du club, rapport poids/longueur.
Take away	Début du mouvement.
Tee	Support de balle pour le départ.
Tee-shot	Aire de départ.
Timing	Rythme.
Topper	Balle frappée sur le haut.
Topspin	Opposé du backspin, rotation avant de la balle.
Upwright	Plan de mouvement vertical.

12

VIDEO

Ce livre est accompagné, dans sa version cadeau, d'une vidéocassette VHS de 50 minutes qui traite de la stratégie d'un parcours de Golf, la façon de le lire d'abord, la manière de le jouer ensuite.

C'est un complément visuel extrêmement efficace.

Nous avons jugé utile de reproduire l'ensemble des conseils de ce film, afin qu'ils soient pour vous un moyen supplémentaire de réflexion et de progrès.

On y découvre des problèmes concrets rencontrés sur le parcours :

- un bon choix de club
- l'alignement
- la sortie de bunker
- une bonne appréciation des difficultés
- comment négocier un dog leg
- la manière de se décontracter
- etc...

Le golfeur dispose ainsi d'un double outil, à la fois théorique et pratique, vigoureux, mais aussi vivant et concret.

Pour recevoir une documentation sur le présent coffret, prendre contact avec :

SYNERGIE GOLF
ÉDITIONS A.G.E.

107-109, Av. Mal Juin
06400 CANNES
Tél. 93 63 60 03

Si tous les parcours sont différents, leur interprétation, la manière de se concentrer, la manière de raisonner restent toujours les mêmes.
C'est ce que Michel Damiano, en nous livrant ses secrets, démontre pour la 1re fois dans un film.

Un parcours de golf se négocie de différentes manières : il se lit tout d'abord, il se joue ensuite.
Mon expérience et mes observations m'ont poussé à classer les joueurs en plusieurs catégories.
Il y a ceux que j'appelle les téméraires, ceux qui prennent des risques inconsidérés, ceux qui cherchent l'exploit et qui sont tout à fait surpris lorsque cela ne marche pas. Il y a les autres, ceux qui veulent passer inaperçus, ceux qui ramassent leur balle pour ne pas voir un coup raté.
Il y a les très bons joueurs, enfin ceux qui s'identifient aux très bons joueurs, et qui ne jouent que pour gagner, mais toujours par rapport à leurs adversaires, quelques fois au détriment de l'étiquette du jeu et de la courtoisie, ces gens là ne voient pas le parcours, ils jouent par habitude.

Puis il y a les autres, il y a vous, qui jouez de manière plus courtoise, pour la marche, pour la poésie, à tous ces joueurs là, je m'engage à vous aider à gagner quelques points à votre handicap.

Un Par 5, un dogleg sur la gauche de 440 m, pas très long, mais attention ! Le piège c'est justement celà.
Je conseille sur ce trou de jouer un fer plutôt qu'un bois pour ne pas aller s'enfermer sur le côté droit de la piste. En prenant un fer 3, vous resterez au milieu, ce trou sera beaucoup plus facile car vous aurez éliminé 60 % du danger. Comme point de repère, mon point de passage, je m'alignerai sur le coin droit du bunker.

Prenez bien votre direction, vérifiez l'alignement, quelques mouvements d'essai pour percevoir le poids de vos mains, décontractez-vous.

Je suis arrivé à ma balle, comme prévu je me tiens au milieu de la piste, je reprends mon fer 3 pour avoir la même stratégie de jeu, pour ne prendre aucun risque.

"Toujours ces petits mouvements, ne les oubliez jamais".

Un Par 4, très difficile, dangereux, très technique. La piste est barrée par un arbre sur le côté droit. Il faut donc le jouer en 2 étapes, je ne vous conseille pas de prendre le drive, vous seriez trop prêt de ce gros arbre. Prenez un fer 3, pensez déjà à vous placer pour que le second coup soit beaucoup plus facile.

Sur tous ces coups difficiles, n'hésitez pas à faire des mouvements d'essai, sans le club, identifiez vos bras. Programmez certains réflexes. Choisissez votre position en fonction de la direction que vous devez choisir, le côté gauche ou le côté droit de la piste.

Je dois maintenant envisager de passer au-dessus de l'arbre. Pour celà, bien sûr, choisir mon club mais l'aspect technique d'une balle haute, 70% du poids du corps, au départ, doivent se situer sur le pied droit.
Visualisez la direction, imaginez déjà la trajectoire de votre balle.

C'est maintenant que vous devez gagner un point, soyez très attentif, employez la méthode du putting, c'est une méthode très efficace.

Un petit Par de 3 de 115 m, assez défendu, mais la difficulté première reste le green, il est très grand. La plupart du temps, les gens ignorent que du début du green, au milieu du green, à la fin du green, il y a 3 clubs d'écart. Le drapeau est au fond du green. Je dois prendre un petit fer 9 pour aller chercher ce drapeau.

Ma balle est un peu longue, elle est sortie du green mais l'avant green est suffisamment propre et bien coupé pour que je puisse utiliser le putter, je vous conseille d'en faire de même.
Trop de joueurs de golf prennent, aux abords de greens, des wedges et des sand-wedges, des petits fers 8. Vous avez, à ce moment-là, une marge d'erreurs tellement plus importante !

C'est un Par 4 de 340 m, d'apparence assez facile à jouer. Large à mi-parcours, très étroit dans sa 2e partie. Mon objectif est de prendre le drive, de jouer largement sur la gauche malgré le hors limites car si je jouais sur la droite, je ne pourrais pas jouer le second coup.

"Toujours ces petits mouvements d'essai, visualisez votre objectif, calmez votre respiration".

Du côté gauche de la piste, le green m'est tout à fait ouvert, je suis à une centaine de pas, je prends mon petit fer 9 car le green est très grand, je dois m'assurer, surtout, de la distance du drapeau.

"Finissez toujours en extension, imaginez la balle arrivant sur le haut du drapeau".

Voilà, je suis arrivé sur le côté droit du parcours, là où je voulais vous emmener. Cet arbre devant moi est très dangereux, la plupart des joueurs chercheraient à jouer au-dessus ou alors en essayant de prendre une position tout à fait technique et tout à fait fausse, ne vous compliquez pas la vie, prenez un fer 6 et jouez-le très simplement.

Ce put est très difficile, il fait quand même 6 à 7 m. Je vous demande, pour jouer ce genre de coup, de bien lire le green, de prendre le temps de viser et de jouer lorsque vous êtes absolument certain de la pente.

Lorsque vous avancez sur la balle, imaginez le poids de votre corps tombant dans le sol, dans vos chaussures, quand vous vous sentez lourd dans vos pieds, à ce moment-là, jouez.

Un très joli Par 4 à négocier mais aussi un passage clé ! il faut le jouer légèrement sur la droite et surtout pas trop long. Ne prenez pas le drive, je vous conseille de prendre un fer 3, vous tomberez sur la partie la plus large du parcours.

Je vois très peu le drapeau, ce qui m'indique bien sûr qu'il y a un petit relief et je vous recommande, lorsque vous arrivez à votre balle, avant de jouer, de vous avancer pour identifier le drapeau, ne serait-ce que pour le choix du club.

J'étais pourtant sûr de mon club. J'arrive à ma balle, je suis court, peut-être le vent, maintenant je dois rattraper ce point, c'est une petite erreur. Je vous demande de faire très attention, de choisir le club, plutôt un club roulé, un fer 6, un fer 7 ou un fer 5.
Ce coup est très important, il a autant de valeur qu'un drive.

Un Par 3 de 129 m très défendu par une floppée de bunkers, devant, sur les côtés, derrière le green, autrement dit le plus important, le choix du club.
Que prendriez-vous pour cette distance ? Un fer 9 ? Je prends un petit fer 8 pour m'assurer la distance, le bunker devant est trop important pour que je sois court.
Captez votre objectif, faites la différence entre regarder et voir, placez la face du club vers l'objectif.

Tiens, tu me donnes le drive, s'il te plaît.

Ce trou est déjà important, le danger est sur la droite, rappelez-vous, tous les joueurs de golf, tous les joueurs droitiers en général se placent toujours sur la droite, attention : pensez toujours centre gauche du fairway, centre gauche du fairway, toujours cette idée !
Là maintenant il est nécessaire de faire un swing très, très, très facile.
Je vais uniquement essayer de placer ma balle.

Un second coup technique : deux énormes bunkers me montrent le début du green. Du point de vue stratégie, l'importance de ce coup est de choisir le bon club.
Je dois plutôt être un tout petit peu plus long pour effacer ces 2 gros bunkers.

Un Par 3 de 170 m, très difficile, défendu par beaucoup de bunkers, je vous demande de bien vous décontracter, d'imaginer ces bunkers comme de toutes petites choses et de ne vous concentrer que sur le drapeau. Vouloir à tout prix être performant serait inutile et négatif. Jouez-le simplement, pour cette distance un fer 3.

Sur le green, faîtes attention, vérifiez souvent votre ligne. Il peut y avoir despetites choses au milieu, vous avez le droit de les enlever.
Ces petits mouvements d'essai servent toujours, ils sont indispensables à visualiser le coup.

Un autre Par 3 de 185 m. Comme tous les pars 3, le choix du club est le plus important. L'alignement, bien sûr. A cette distance un fer 3, un bois 4 selon votre force.

Je n'ai pu résister au plaisir de vous amener vers ce grand bunker, uniquement pour vous dire qu'il y a une technique très particulière. Lorsque la sortie de bunker a dépassé 15 m en longueur, c'est une des sorties les plus difficiles. Je vous demande, pour cela, de ne plus prendre le sand wedge mais le pitching wedge. Au point de vue technique proprement dite, c'est là où c'est intéressant. Rappelez-vous bien, il faut que 80 % de votre poids du corps se trouve sur la jambe gauche, ce qui veut dire que votre tête, pour une fois, sera en avant de la balle. Rappelez-vous bien, la tête en avant de la balle.

C'est un par 4 de 340 m assez facile, mais très dangereux. Toujours pareil : les arbres à droite, un bunker vers 200-210 m, je ne vous conseille pas de prendre le bois, prenez un fer 3, vous aurez un petit fer 7 à jouer, fer 8, fer 9 peut-être, jouez très calmement.

Voilà, malgré mes conseils du départ, malgré mes envies de me tenir surle côté gauche, la machine humaine est ainsi faite, j'ai fais un coup moyen, je suis sur la droite, je suis derrière l'arbre.
Je dois maintenant faire un coup plus difficile, je crois que si je mettais 10 joueurs à ma place, 7 essaieraient de passer au-dessus avec énormément de risques.
Je vous conseille de prendre un fer 2, un fer 3, de faire un petit coup très facile au ras de l'herbe. Bien sûr une petite astuce, ce coup-là vous devez le jouer stance ouvert, c'est-à-dire que vous mettrez le pied droit à l'avant du pied gauche, les mains en avant de la balle. Captez bien l'objectif.

Un petit Par 4 de 301 m mais comme vous pouvez le voir, très défendu. Il y a des bunkers et beaucoup d'arbres. La tentation pourrait être d'aller sur le green. Trop de joueurs prennent cette décision et à la fin du trou, ils signeront une carte de 6.
Je vais faire l'expérience :
- une balle Je vais jouer le drive,
- une autre balle Mon adversaire jouera le fer,
nous verrons à l'arrivée.

C'est bien ma balle, celle que j'ai jouée avec le drive. Je suis arrivé au bord du rough dans un endroit très difficile, tout à l'heure avec le fer, j'étais en plein milieu, un coup très large, très facile à jouer.
C'est un coup très technique, regardez bien !

Faire une balle basse avec un sand wedge est un coup très technique. Pour cela, je vous demande de mettre les mains en avant de la balle, votre balle légèrement sur le pied droit. 80 % du poids du corps est sur la jambe gauche. Mais l'astuce essentielle de ce coup là, il ne faut jamais que la tête du club passe avant les mains, gardez toujours vos mains très en avant de la balle, même après l'impact.

Mes 2 balles sont sur le green, pas très loin l'une de l'autre finalement, mais avec l'une je n'ai pris aucun risque, avec la seconde, j'ai eu une chance inouie de réussir ce coup. J'aurais pu vraiment être très mal placé.
Sur le green, n'oubliez jamais ce genre de petits mouvements. Revenez, reprenez votre direction, ne jouez que lorsque vous êtes calme intérieurement. Votre décision doit être nette, votre idée précise.

C'est un Par 5 de 490 m, très difficile, comme vous pouvez le voir, très serré en dog leg sur la gauche, très fort en dog leg sur la gauche, très, très fort !
Je vous recommande de ne pas trop serrer sur la gauche, pour cela le haut de la montagne c'est votre limite gauche.
Pensez que le parcours s'ouvre un tout petit peu sur la droite. Décontractez-vous, concentrez-vous, ne cherchez pas l'exploit !

Je suis en 2 dans le bunker, dans de l'eau, mais, heureusement, une règle de bunker importante que vous devez savoir, que ce soit de l'eau fortuite ou de l'eau de pluie, vous pouvez vous dropper dans le bunker sans pénalité.
Cherchez un bel endroit sans vous rapprocher du trou.
Attention, le sable est mouillé, jouez lentement, très, très lentement.

Un très joli Par de 455 m, léger dogleg sur la droite, il peut être dangereux, certains le jouent en fade, c'est-à-dire en petit slice mais ils prennent beaucoup de risques. Ce que je vais essayer de faire, par contre, je vous conseille de prendre un fer au départ, j'en ferai de même. N'oubliez pas que sur un par 5, en général, vous avez un point si vous jouez avec votre handicap. Ne prenez aucun risque, vous ferez 5, peut-être 6 au pire, quelquefois 4. Par contre, si vous prenez le drive, vous pouvez faire 8, un double boggey.
Ces problèmes d'alignement sur le stance ouvert, sur le stance fermé sont très importants et j'y ai consacré dans mon livre un important chapitre.

Voilà la balle de mon premier coup joué avec mon drive. J'ai pris des risques, ma balle se trouve dans le rough, juste au bord des arbres, une pigne est à côté, vous savez que vous pouvez enlever tout ce qui est autour de la balle mais faites attention de ne pas faire bouger la balle.

J'aperçois le drapeau au fond, entre 2 arbres, je suis très excité de jouer ce coup-là, de risquer le passage, mais je sens qu'au fond de moi, je ne peux pas prendre cette décision, non je ne dois pas prendre ce risque.
Je dois savoir perdre un peu de distance, mais ne pas perdre un point peut-être. Je prends un petit fer 9 et je me recentre sur le côté du parcours. Le 3ᵉ coup sera beaucoup plus facile à faire.

Avec ma seconde balle jouée avec le fer, je suis en plein milieu du parcours, il me reste un fer 2 à jouer, un fer 3 peut-être. Je n'ai pris aucun risque, le green est tout à fait devant moi.

Mon 3ᵉ coup, toujours la 1ʳᵉ balle, décidément, c'est un jour dur pour les risques, j'ai un coup très technique à faire, je prends mon sand wedge, je dois faire une balle avec beaucoup de rétro, beaucoup de backspin. Pour cela, je mets la balle un peu sur le pied droit, les mains en avant de la balle et surtout ne bloquez pas vos jambes, laissez-les très libres.

Un petit Par 4 de 280 m, donc assez facile par sa longueur, mais très difficile parce que le green est enfermé sur la gauche, pour jouer ce trou-là, je vous recommande de jouer peut-être le drive si vous avez envie mais surtout n'oubliez pas stance fermé, c'est-à-dire le pied droit légèrement en retrait, même plus qu'il ne faudrait en retrait pour être certain que la balle tournera sur la gauche.

Une très jolie approche à faire : un coup pitché.
Le poids du corps doit se trouver à 80 % sur le pied droit, c'est un coup que l'on exécute en jouant uniquement avec les mains, beaucoup de poignée dans ce mouvement, la face du club étant largement ouverte.

J'ai mis une balle dans le bunker pour vous apprendre un petit détail important. Rappelez-vous l'œuf au plat. Dans un bunker, il faut avoir l'idée d'envoyez l'œuf au plat sur le green sans casser le jaune. Peut être un peu de cuisine golfique, mais souvenez-vous de cette image, elle est simple, elle est bizarre, mais elle est terriblement efficace.
Dans un bunker, le mot le plus important est le mot "déplacement", le déplacement du sable vers l'objectif, le poids du corps légèrement sur la gauche, l'œuf au plat est parti.

184 m, un Par 3 très difficile, plat, la perspective est trompeuse, il faut se méfier de ce bunker de droite. Le green est 30 à 40 m plus loin. Pour cela, je m'appuierai davantage sur l'arbre qui est derrière, sur le haut du drapeau, pour choisir mon club. Je prendrai certainement un fer 4.

Observez quelquefois le gazon, c'est une information très importante. De la manière dont il est couché, la direction dans laquelle il est couché. Lorsque le putter accroche le sol, le green sera lent, lorsque le putter glisse très naturellement, le putt sera rapide, le roulé de la balle sera rapide. Lorsque vous prenez votre direction, lorsque vous êtes au drapeau et que le gazon vous semble foncé, pensez toujours que le putt sera long, lorsque le gazon est clair, lorsqu'il brille même selon l'heure de la journée, le putt sera rapide mais bien sûr je vous conseille pour ça de le faire dans un coin du green car les règles du golf interdisent ce genre de toucher. On n'a pas le droit avec son putter de racler le green.

Levez quelquefois les yeux. Attention, un arbre ! Mon Dieu ! Ce tee est beaucoup trop haut, la position idéale : la moitié de la balle au-dessus du club.

Un Par de 380 m assez large, plus ouvert sur la gauche que sur la droite, je m'alignerai donc légèrement sur le côté gauche, un petit peu en direction de ce jet d'eau.
Comme prévu, je me trouve sur le côté gauche du parcours, une balle est quelquefois capricieuse, je suis trop sur la gauche. Je dois maintenant exécuter un coup, bas et sur la gauche. Beaucoup de joueurs ferment leur grip mais ils ont du mal à doser les degrés de fermeture. Personnellement, je vous conseille plutôt de fermer la face du club et de ne rien changer à votre grip. Bien sûr il faudra vous placer sur la droite et votre balle tournera très vite sur la gauche.

Le dernier trou est terminé, mais il me reste encore quelques coups particuliers à vous montrer. Ces petits coups du bord du green, ces petits coups où les joueurs se trompent en général de club.

Je vais vous montrer quelques coups avec les fers 3, 5, 7, 9, mais en les jouant avec la méthode du putting. Les Américains le pratiquent beaucoup, ils appellent ça le "putting stroke".
Et je vous garantis qu'avec cette méthode, vous gagnerez 1 point tous les 3 trous.

Comme vous avez pu le remarquer tout au long du film, j'ai essayé de vous communiquer ces petits "riens" qui vous aideront à améliorer votre jeu, la préparation mentale, la relaxation, la connaissance de soi, la routine de tous ces petits mouvements d'essai afin de programmer certains réflexes pour que l'autre joue.
En vous, il y a toujours deux personnes, une qui dit "oui", une qui dit "non". Votre premier adversaire, c'est vous.
Pour réaliser un très bon coup de golf, il faut que les deux personnages qui sont en vous soient d'accord sur la stratégie du moment.

Le parcours a duré 4 heures, une durée normale pendant lesquelles je ne me suis concentré fortement que 3/4 d'heure, uniquement sur le moment de réflexion du choix du club et la manière de l'interpréter.
Après avoir joué, coupez, déconcentrez-vous, pensez à autre chose, votre démarche par exemple ; sur le paysage, les arbres sont quelquefois très beaux, ils ne sont pas toujours là pour rendre le parcours démoniaque, difficile ; sur la respiration, voilà le plus important. Contrôlez sans cesse votre respiration, ne laissez jamais certaines situations ou bien d'autres joueurs vous inciter à vous énerver. Le contrôle de la respiration vous isolera des excitations venues de l'extérieur.

Le professionnel de golf retrouve souvent la naïve assurance du débutant. Cette tranquillité d'âme perdue au début de l'enseignement, regagnée à la fin, et devenue en lui comme un trait indestructible de caractère. Cependant, à la différence du débutant, il est plein de réserve, de calme et de modestie et n'a nul besoin de se faire valoir. Entre les deux stades, de la première initiation et de la maîtrise, de longues années d'infatigables entraînements s'étendent, riches en événements, là est la raison.

Nous avons passé un long moment ensemble, j'y ai pris beaucoup de plaisir et j'espère vous l'avoir communiqué.
Merci de m'avoir suivi.

La première richesse d'un golf
c'est son parcours

RESPECTEZ L'ETIQUETTE

C'est le premier devoir du golfeur...

Protection du terrain

- Effacez vos traces dans les bunkers.
- Replacez vos divots sur les fairways.
- Redressez vos pitches sur les greens.
- Réparez les dégâts occasionnés aux greens par les pointes de vos chaussures.
- Ne circulez pas avec vos chariots de golf entre les greens et les bunkers et sur les tees.
- Maintenez votre voiture électrique sur les chemins ou à distance respectable des avants-greens, des alentours des greens et des tees.
- Evitez d'occasionner des dégâts au parcours et particulièrement aux départs en exécutant des coups d'essai.

Etiquette

- Aucun joueur ne devra jouer avant que les joueurs qui le précèdent ne soient hors d'atteinte.
- Toute partie distancée d'un trou franc doit spontanément laisser le passage à la partie qui la suit.
- Dans l'intérêt de tous, les joueurs doivent éviter une lenteur excessive.
- Les joueurs à la recherche d'une balle doivent laisser le passage dès qu'il devient évident que la balle sera difficile à trouver. Ils ne doivent pas chercher pendant 5 minutes avant d'en décider ainsi.
- Les joueurs ne doivent pas laisser leur chariot devant le green et doivent quitter le green dès qu'ils ont terminé de jouer le trou.
- Dans les heures qui leur sont réservées, entre 8 h 00 et 10 h 00, les parties de 2 balles ont le droit de passer toutes les autres parties.
- Un seul joueur n'a aucun droit sur le terrain et doit laisser passer toutes les parties quelles qu'elles soient.
- Toute partie jouant un tour complet a le droit de passer une partie jouant un tour incomplet.

TABLE DES MATIERES

Votre club sur tous les parcours du monde.

"Rencontrer de nouveaux partenaires, découvrir de nouveaux parcours dans le monde entier, c'est, bien entendu, la volonté de votre Club : Air France et Golf Européen se sont donc associés pour favoriser vos jumelages. Déjà d'autres Clubs, comme St-Cloud et St-Nom-la-Bretèche se sont jumelés, le premier avec le Royal Golf Club de Dar Es Salam de Rabat, le second avec le Three Hundred Club de Tokyo et le Gavea Golf Club de Rio de Janeiro.

Air France et Golf Européen sont à la disposition de votre Club pour faciliter votre choix, vos contacts et vos voyages. Contactez vite Madame Jane Chathan au 267.91.25.

Jumelages inter-clubs

AIR FRANCE

GOLF européen